一日售罄

房地产销售实战从入门到精通

安致丞 ◎ 著

CHINA RAILWAY PUBLISHING HOUSE CO., LTD.

中国铁道出版社有限公司
CHINA RAILWAY PUBLISHING HOUSE CO., LTD.

内 容 简 介

近几年，房地产业一直都处于火热的状态。可是，很多房地产的销售人员却挣不到钱；只有极少数的人才能成为真正的售楼高手。成功销售的秘诀到底在哪里？为了给众多从事房地产销售的人员以启示，我们特意编写了这本书。

本书以通俗易懂的语言娓娓道来，案例典型，方法得当，给读者提供了众多翔实可用的好方法。相信，读了这本书，自己一定会大有裨益。

这本书适合两类人群阅读：一类是真正的楼盘销售者，通过本书，可以掌握众多有利于楼盘销售的好方法；另一类是楼盘管理者，便于对员工的引导。当然，只要是对楼盘销售感兴趣的都可以在这本书中得到启示。

图书在版编目（CIP）数据

一日售罄：房地产销售实战从入门到精通 / 安致丞著. — 北京：中国铁道出版社，2016.8（2022.1重印）
ISBN 978-7-113-21976-5

Ⅰ.①一… Ⅱ.①安… Ⅲ.①房地产-市场营销-通俗读物 Ⅳ.①F293.35-49

中国版本图书馆CIP数据核字（2016）第140978号

书　名：一日售罄：房地产销售实战从入门到精通
作　者：安致丞

责任编辑：张亚慧　　**编辑部电话**：(010) 51873035　　**邮箱**：lampard@vip.163.com
封面设计：MXK DESIGN STUDIO
责任印制：赵星辰

出版发行：中国铁道出版社有限公司（100054，北京市西城区右安门西街 8 号）
印　　刷：佳兴达印刷（天津）有限公司
版　　次：2016 年 8 月第 1 版　　2022 年 1 月第 2 次印刷
开　　本：700 mm×1 000 mm 1/16　**印张**：15　**字数**：207 千
书　　号：ISBN 978-7-113-21976-5
定　　价：48.00 元

前　言

最近几年的楼市远不如过去几年，不管你愿不愿意承认，这都是一个大家有目共睹的事实。除了北上广深这种一线大城市，二三线城市的房子似乎都已经达到饱和。在这种情况下，如果想将房子卖出理想的价钱，或者想在最短的时间里将房子卖出去，都不是一件容易的事。

现在，不管走到哪个售楼大厅，都很少再有以前人满为患的景象。看到其他楼盘销售人员能够卖出很多房子，而自己却迟迟不能签单，很多楼盘销售人员都会暗暗自责。其实，要想提高楼盘的销售量也是需要掌握一定技巧的。忽视了这些技巧，想一厢情愿地将楼盘销售出去，无异于天方夜谭。

从销售角度来说，楼盘也是一种商品，只不过这种商品的使用年限够长、花费的钱够多。因此，我们完全可以将销售一般商品的方法运用到这里。只要是营销方法，都可以尝试。

在近几年中，我接触过很多的售楼员，他们的生长地不同、性格不同、知识结构不同，业绩也各不相同。很多时候，他们都会问我同样的一个问题：如何才能将楼盘销售出去？每当这时候，我们都会进行一番沟通，一方面我将方法告诉他们，一方面听他们心中的困惑。在交流的过程中，我积累了很多售楼员容易遇到的难题与困惑。为了给楼盘从业人员提供一定的帮助，我决定撰写一本书，将楼盘的销售技巧囊括其中。

为了获得更多的一手资料，我接触过很多金牌销售。不可否认，在他们身上确实有很多其他销售人员缺少的优点和方法。我相信，只要认真学习、积极实践，每一个楼盘销售人员的销售业绩都会获得增长，都有可能成为楼盘的金牌销售。

有人说，楼盘销售要靠脸蛋吃饭，靠口才拿业绩，只要外形好口才好，销售业绩自然就不错。其实，这是对售楼这份工作的误读。外形与口才，确实可以给客户留下好印象，可是如果忽视了相关的销售技巧，同样也无法将楼盘销售出去。而事实也证明，那些成绩优秀的楼盘销售人员并非就有一张明星脸。大家都是普通人，为何别人销售业绩好，而自己的却不好？这就是我要在这本书中讲述的重点。

在这本书中，我们所讲述的销售，是一种大销售，不单单指简单的销售技巧和方法，还有基础知识的掌握、市场调查的验证、准备工作的就绪等外围的东西，而这些都是很多楼盘销售人员经常忽略掉的。相信，读了这本书，一定会对您有所帮助。

当然，仅凭书中的十几万字还无以囊括所有的销售方法，如果在工作中遇到了什么问题，咱们还可以继续沟通，找到真正适合自己的方法，而这也是我写这本书的最终目的。

编者
2016 年 6 月

目录 | CONTENTS

1

卖楼前掌握一定的基础知识

　　楼盘销售也是一门技术活，如果想让自己的销售之路走得更顺畅，首先要掌握一定的行业知识。如果客户提出了问题，而你却一问三不知；或者，给客户解释时，都是一些大白话，自然说服力就会弱一些。

　　客户都喜欢让专业人士为自己提供服务，因此若要客户信赖你，首先要让自己成为此行业的专家，而成为专家的第一步就是掌握一定的楼盘销售基础知识。

一、没有土地就没有房地产开发

任何房地产项目的开发都离不开土地，了解必要的土地知识，也是销售楼盘的重要步骤。要知道，开发商选中了一块土地进行建造，并不是买了这块土地，仅仅是购买了这块土地的使用权，土地的使用是有年限的。

情景再现 1

> **楼盘销售人员：** 经理，咱们这楼盘还有使用年限呢？
>
> **销售经理：** 是啊！
>
> **楼盘销售人员：** 那么，是多少年啊。我今天刚入职，对这些知识不懂。
>
> **销售经理：** 住宅用房的土地最高使用年限70年，具体还有其他的，你可以到网络上查查。
>
> **楼盘销售人员：** 好的。谢谢，经理。

情景分析 / SCENARIO ANALYSIS

房地产开发和土地是紧密联系在一起的，离开了土地，房地产开发也就成了空中楼阁。而对于这些知识的掌握，也是一名优秀的楼盘销售人员应该知道的基础知识。因此，在正式上岗之后，首先要对相关的知识做到胸中有数。

情景再现 2

客户：你们这个楼盘是大产权，还是小产权？

楼盘销售人员：<u>大产权。</u>

客户：可以居住多少年。

楼盘销售人员：<u>70年。</u>

客户：我怎么听说，是小产权的呢？

楼盘销售人员：<u>嗯……这个，我再问问我们经理。</u>

情景分析 / SCENARIO ANALYSIS

对于楼盘，很多客户都会顾虑是大产权还是小产权，而且大多数人都愿意选购大产权的房子。当客户提出这类问题时，也要做出认真回答。当然，首先自己要了解。如果一问三不知，客户也就不会从你手里购买房子。

SCENARIO ANALYSIS
技／巧／展／示
∨

房子是盖在土地上的，开发房产首先要获得的是土地，这个问题每个人都明白。可是，一旦说到"房屋土地使用权"和"房屋产权"有什么不同，很多人都要迟疑一下。那么，两者到底有什么区别呢？

1. "房屋土地使用权"与"房屋产权"的不同

"房屋产权"的主体当然就是"房子"，是公民的财产，拥有房屋产权的人就拥有使用、处分、收益、处置等一系列的支配权，房屋产权是可以通过购买或受赠获得的。其权利是可以随着房屋的合法交易而转移的。

"房屋土地使用权"的主体主要是"土地"，只不过这些土地是专门用来建造房屋使用的。它包括政府办公楼、科研大楼、学校等国家公共建筑，也包括厂房、商场、居民住宅等商业建筑所占用的土地。依据我国的国家性质和宪法的规定，所有土地归国家所有，任何个人和单位只有使用权。而对于个人来说，"房屋土地使用权"就是指土地使用年限，也可以理解为房屋使用年限。

说到这儿，很多人就会问，"房屋土地使用权"是不是就是"大产权"？其实，这是房地产开发商的一个误导。所谓"大产权"实质上是指"房屋所有权"。凡是经房管部门审核确认并颁发"房产证"的房产，才是"大产权"。也就是说，你拿到房产证的那套房，就是俗称的"大产权"房，和房产使用年限无关。

简单来说，房屋所有权没有时间限制，只要房子在，产权就在。而房屋所占土地的使用权是有限的，时间过了，国家就有权处置。通常国家出让土地使用权的期限为40年、50年、70年不等。

2. 房屋土地使用权的年限

（1）我国相关法律规定：居民住宅用地的使用年限是70年，工业用地的使用年限是50年，商业用地的使用年限是40年。

（2）为什么有些开发商开发的房产土地使用权不是70年而是50年？这是因为，他们获得土地不是正规的住宅用地，也可能是用购买工业或商业用地的钱买来的，三种性质的土地出让金额是有区别的。

（3）很多人容易产生的一个误区是：房屋土地使用权从拿到房子那天开始算。其实不然，真正的时间从开发商获取土地的那一天就开始计算了。

（4）在商品房买卖交易中，除了房产证，土地证也是很重要的一个证件。按照规定，民用和工业用建筑土地证的有效期是70年，商用建筑土地证的有效期限是40年。

（5）《中华人民共和国物权法》在第149条中规定了住宅用地期限届满后可以自动续期，其他非住宅用地续期，要走一定的相关程序办理。与土地相关的非住宅建筑如有事前约定，按约定处置；如果没有，就要按相关法律法规办理。

二、建筑与规划，提高你的专业素养

在房地产营销策划的实践中，经常会出现"一个设计方案害死一个项目"的情况。主要原因在于：设计公司专业能力不佳，敷衍塞责，作品水平低下；开发商自以为是，听不进专业意见，不尊重设计院，最后项目失败，设计师承担罪名。从房地产营销角度来看，规划设计方案的好坏决定着一个项目的成败命运。

情景再现 1

> **楼盘销售人员甲：**嗨，听说了吗？对面的那个楼盘被叫停了？
>
> **楼盘销售人员乙：**怎么回事？
>
> **楼盘销售人员甲：**听说，好像是和设计图不符。
>
> **楼盘销售人员乙：**他们不是按照图纸施工的吗？
>
> **楼盘销售人员甲：**好像在建房子的过程中，老总瞎指挥吧。

情景分析 / SCENARIO ANALYSIS

就像做任何事情一样，为了将事情做完善，都需要提前做规划。之后，再按照此规划来具体执行。同样，在建造楼房的过程中，建筑规划更是非常重要的一个环节。没有规划，或者仅有规划而不按照规划实施，都是无法建造出合乎标准的房子的。

情景再现 2

> **客户：**按照你们的规划效果图，这里应该有个儿童乐园。
>
> **楼盘销售人员：**是的，儿童乐园正在建造中。还有一块运动休闲场地，都正在建造呢。
>
> **客户：**肯定有吧。我们家有小孩，要不孩子就没有地方玩了。
>
> **楼盘销售人员：**有。你看我们的规划图，这里是儿童乐园和休闲区，很开阔。

很多时候，客户之所以要购买某个楼盘，很可能就是冲着整体规划格局而来的。比如，方便孩子玩耍、老年人运动等。这时候，就要将楼盘的整体规划告诉他，让客户胸中有数。这样，对于促进成交的实现也是很有帮助的。

SCENARIO ANALYSIS
技／巧／展／示
∨

房地产规划并不像人们认为的那样，只是盖房子，它主要分为城市规划、房产项目规划两部分。城市规划相对来说更复杂，涉及的方面有很多，要按照一定层次进行总体规划，不仅包括建筑，还要受到政府政策的制约。在这里，我们重点介绍方案设计。那么，评价和分析一个设计方案的出发点是什么？要考虑哪些方面呢？

1. 以人为本，规划舒适生活

如果只想着更快更多地盈利，就容易忽略一个至高原则——为客户提供舒适的生活环境。在我国，很多人买房都是为了居住，也许一套房子就要住上 70 年，所以要有为客户负责一辈子的思想。如果只图个人利益，仓促完成，就会给业主留下半辈子的隐患。

在项目设计之初，要将楼盘及其周边的人流、车流动线，还有基础设施建设，甚至是周边的交通和商圈范围、距离远近都考虑在内。不仅要将房子设计合理、舒适，更要考虑住户未来的生活是否便利。比如，现在很多人都买了车，小区内的道路网线怎么布置？道路是否需要加宽？小区的门口应该设置几个？放在哪里？

这些事情看起来都不大，可是如果考虑不周，就会造成很多麻烦。要谨记"规划方案无小事"。任何一个房产项目都不仅仅是卖户型，从客户的生活舒适角度考虑设计方案，会让你的楼盘更受欢迎。

2. 切合实际，规划合理定位

定位，在任何商业领域都是根本。有了大致的规划方向，只有准确地定位，才能不让后续工作变成无用功。

有个新开发的楼盘，将目标人群定位在白领阶层，为他们提供中小户型的中档社区，但设计师却给小区里安置了一个近万平方米的中庭景观，加上喷泉、叠水，甚至还有五个水幕。

将这些顶级豪华小区的配套景观放在中档小区里，显然是不合适的。想想看，不说建造费，就是后期的物业管理和水景运转费，每年都要多出几十万元，如此高昂的费用谁来出？白领阶层的住户愿意出吗？

3. 方便物业，规划长期管理

最开始，物业管理通常都是被开发商忽视的存在，但如今，物业管理越来越凸显它的重要性。很多购房者买不买房，要看周边的环境；掏不掏钱，要看户型结构。而满不满意，就要看物业管理靠不靠谱，毕竟之后和他们长期打交道的是物业。因此，房产项目在规划阶段，不仅要考虑硬件，也应该考虑到后期的管理问题。

有一个叫明珠花园的房产项目，一家上海设计院最初给这个项目设计了中心湖的方案。以湖为中心，从内到外分别是独栋别墅和小高层。想法很简单：别墅业主可以最先欣赏湖景，外层业主可以到中央湖区休闲娱乐。但他们却忽视了一个明显的问题：外层业主要通过墅区业主的房子才能到达湖区。这样必然会给墅区业主带来不便，同时也会给物业管理带来一定难度。于是，他们后期修改了方案，将一部分湖区划分给墅区业主独享，外层业主可以绕过别墅到达湖区。这样，物业和安保就可以以桥为界，方便分区管理。

4. 方便营销，规划最优包装

与其他商业产品一样，房产出售也需要包装上市。对于房产营销的规划，也要依据两个基本点来设计：卖点和卖相。所谓卖点就是要有让买房者怦然心动的独特设计，要让你的房产在众多看起来差不多的房子里鹤立鸡群。所谓卖相就是找个专业的广告团队来为你策划一个别开生面的营销方案。如今，很多项目都提前做好园林景观，就是为将来的营销做准备。销售才是开发商的最终目的，因此设计规划也要为营销服务。

5. 避开禁忌，规划风水宝地

对于今天的很多设计师来说，规划设计一个房产项目要考虑采光度、建筑密度、容积率、绿化率、人流动线、基础设施等很多因素，各种勘察、测算忙都忙不过来，但很少有人会注意到传统建筑景观要注意的一些问题。

而且，很多人在买楼房时总是会有一些禁忌的，如果设计者没有考虑，就有可能被考虑这些问题的客户厌弃，给房产项目的出售产生影响。所以在规划和设计中，对于楼房间的路冲、角冲、户型间的门冲等禁忌也要考虑。

三、六类商品房，你了解几类

根据商品房的用途可以将商品房分为：住宅用房和商业用房；根据房屋存在状态，商品房又可分为：现房和期房；根据房屋的销售对象，可以将房屋分为外销房和内销房。要想做好房地产的销售，就要对商品房的种类做些了解。

情景再现 1

客户：你们这个小区建造得确实很漂亮，可是看样子是商住两用房？

楼盘销售人员：是的。既可以居住，也可以做生意。

客户：那这样楼上楼下，就显得很吵了。和上班人住在一起……

楼盘销售人员：不见得吧。反正到现在为止，购房者都说是自住。

情景分析／SCENARIO ANALYSIS

　　如今，很多楼盘的户型都是大户型或超大户型的，既可以自己居住，也可以开一个小公司，是典型的商住两用房。有些楼盘为了招揽客户，甚至还会打出"商住两用"的招牌。这时候，就要对不同类型的房子多一些了解。因为，有些客户不愿意买这样的房子。

情景再现 2

　　客户：你们的房子我们从年前就开始关注了，一共几期啊？

　　楼盘销售人员：一共三期，现在在售的是第一期。后两期，陆续都在建设中。

　　客户：我家孩子再有两年就要上小学了，想在附近买个房子。

　　楼盘销售人员：如果现在买，可以买一期的现房；还可以买期房……

情景分析／SCENARIO ANALYSIS

　　对于楼盘销售来说，了解不同类型的商品房非常重要。因为如果你连基本的房屋种类都搞不明白，怎么向客户介绍。如果你给客户介绍的知识都是错误的，很容易误导客户。如果客户按照你的解说付了款，还容易出现很多纠纷。

SCENARIO ANALYSIS
技／巧／展／示
∨

　　商品房不同于自建自用的住宅和建筑，它更多的是作为商品来出售的。一般是由房地产开发公司经政府相关部门批准，开发建造并用于市场销售、出租的房屋。

商品房也可以称为产权房，需要办理土地证和产权证。在售楼之前，一定要对不同种类的商品房多一些了解和认识。

1. 按用途分

商品房按照用途可以分为：住宅用房和商业用房。其中，住宅用房是个人或家庭生活专用的房屋；而商业用房则是经营、办公、旅游等仅用于商业活动的房屋。

2. 按存在状态分

按照存在状态，可以将商品房分为：现房和期房。其中，现房是指已经建好并验收过的现售房屋，可以实现。而期房则是指还没有建好，并且没经过验收的预售房屋。

3. 按销售对象分

根据不同的销售对象，可以将商品房分为：外销房和内销房。其中，外销房是指取得外销许可证的房地产开发商开发的，主要销售给国内外企业、组织和个人的房屋。内销房则是指取得房产销售许可证的房地产开发商开发的，销售给国内个人和企事业单位的房屋。

四、不可不知的选房原则

对于买主来说，选房是购房过程的第一步，也是最重要的一步。这一步决定着客户以后将在一种怎样的环境里去学习、工作和生活。为了说服客户买房，就要了解这些选房的原则，站在客户的立场想问题，如此才能赢得客户的认可。

情景再现 1

客户：我们已经看了好几个楼盘了。有的房子不错，可就是距离远；有的房子一般，但距离合适。

楼盘销售人员：是，买房的时候，人们一般都会货比三家。可是，你买房的目的是什么呢？

情景再现 1

客户： 我主要是想离公司近一点，上班方便。

楼盘销售人员： 请问，你在哪里上班啊？

客户： 我在六里桥。

楼盘销售人员： 虽然说我们小区是在房山，可是这里有直达六里桥的公交，走高速，40 分钟就到。

客户： 这个我知道，刚才我们就是坐公交来的。路上确实挺方便，但还是太远了。

情景分析／SCENARIO ANALYSIS

购房的时候，很多客户都会飘忽不定。这时候，就要看看他们购房的目的是什么。之后，再有针对性地提出一些选房原则，比如，交通方便。尤其是对于北上广的上班族来说，更会重视这一点。

情景再现 2

客户： 这个房子价格还行，就是朝向不太好。朝向东西，整天都会被阳光直射。

楼盘销售人员： 阳光照晒，所有的房子都会遇到。如果您嫌太阳，可以挂个窗帘。

客户： 恩，这倒也是个办法。

楼盘销售人员： 而且，这个房子前后都没有遮挡，阳光充足的时候，晒被子和衣服可是方便多了。

客户： 也对。

情景分析／SCENARIO ANALYSIS

每个客户的需求点都不同，一定要将房屋的优势告诉对方。让客户自己来权衡利弊，一旦发现购买这个房子确实比较划算，他们自然就会掏腰包购买了。

买房子对于大部分中国老百姓来说，是人生中的一件大事，人人都想买得物有所值，甚至物超所值，才对得起自己的血汗钱。那么，如何帮助客户找到自己满意的房子呢？有三项原则需要我们了解：

1. 原则一：匹配相关特性

要先了解客户的优先选项，比如，客户想要哪个位置的房子？对户型有什么要求？楼层、价格、社区环境哪个更重要？充分了解客户需求指向之后，再对手中的房产进行对比，按照优先级向客户推荐，并引导客户自己选择中意的方案。

比如，在市区和郊区分别有一套两居和一套三居的房子，市区的朝向好、交通方便，但户型一般面积不大；而郊区则正好相反，户型很好但交通不便。而且，两套的总价不相上下。这时就要考虑客户的需求了，是想方便上下班，还是想和家人享受平静时光？

2. 原则二：不要过分追求完美。

完美的房子是不存在的，如今的市场更加个性化，精细化程度越来越高，越是追求完美就越容易陷入误区。

比如，一个客户对一套位置、价钱、户型都比较好的房子很满意，唯独朝向不太好，这时客户就会犹豫。你要让客户这样想：这套房子的性价比是很高的；朝向不是大问题，可以通过后期装修来弥补，无论是朝东还是朝西，都可以用窗帘来解决；何况大部分人白天都在上班，利用这段时间的阳光晾晒东西，还节省了很多业余时间。而且最关键的是，价钱、位置、户型都合适，性价比高，住着会比较舒适，这种条件已经是很值了。

3. 原则三：性价比放在第一位

现在很多人买东西都注重性价比。通常你会发现，某一个客户圈中了几套比较满意的房子，这些房子在各个方面都差不多，但又让人拿不定主意。这时，就要帮客户分析每套房子的性价比了。就像我们上面提到的市区房和郊区房，如果客户想要方便出行，又希望住好户型，那么就要为他估算一下房屋的性价比再来让客户做出选择。

性价比通常是可以量化显示的，可以把购房者的所有需求进行百分比排列，然后对每一个项目，比如，位置、户型、价格、环境等进行分值评定，综合分数高的就可以优先考虑。

五、商品房面积的正确测算方法

最近几年，有些不法开发商"玩弄面积猫儿腻"，使得关于商品房面积的纠纷越来越多。因此，客户在买房时，也会提到房屋的面积问题；更有甚至，还会让销售人员帮忙测量。因此，对于楼盘销售人员来说，掌握商品房面积的正确测算方法也是非常重要的。

情景再现 1

客户： 你刚说，这房子多少平方米?

楼盘销售人员： 105 平方米。

客户： 真有那么大吗? 怎么感觉和我们现在住的房子差很多。

楼盘销售人员： 你们现在住的是 100 多平方米的?

客户： 是的。

楼盘销售人员： 没事。如果你确实要买，到时候，咱们可以具体量一量，是多少就是多少，肯定不会欺骗您?

客户： 行。这么贵的房子，少一平方米就少几万元呢?

情景分析／ SCENARIO ANALYSIS

在这个房价居高不下的年代，人们买房的时候，都异常看中面积，尤其是面积是否真实可信。因为，有的楼房每平方米就好几万元，差一平方米就差了好几万元。这时候，就要协助用户进行测量，因此掌握正确的商品房测算方法尤其重要。

情景再现 2

客户： 你这孩子，怎么测量的？

楼盘销售人员： 这不是吗？长、宽……

客户： 你这不是糊弄人吗？我再怎么不懂，也知道长短吧。

楼盘销售人员： 真麻烦，不信的话，你自己测量？

客户： 算了。房子的事，过几天再说吧。

情景分析／SCENARIO ANALYSIS

当客户想知道房屋的具体面积时，最好帮客户一起测量；如果客户说"只要尺寸没问题，我就买这个房子"时，就更不能马虎了。临门就剩关键一脚了，无论如何都不能在这里掉链子。一定要协助客户一起进行测量，要使用正确的方法，不能糊弄客户。

SCENARIO ANALYSIS
技／巧／展／示
∨

如今，有很多购房者比较关心住房的使用面积和建筑面积，前者关系到居住空间，而后者则关系到购房金额。通常建筑面积要大于使用面积，建筑面积是由相关部门确定的，开发商给出的报价也通常是依据建筑面积来计算的。因此，知道建筑面积和使用面积怎么算，对购房者有很大帮助。

1. 计算公式

使用面积的计算公式：

套内建筑面积 ＝ 套内房屋使用面积 ＋ 套内墙体面积 ＋ 阳台面积

公式解析：

套内房屋使用面积，有人将其形象地称为"地毯面积"，相当于在房屋地面上铺地毯，所有能铺地毯的面积 (不包括阳台)。

套内墙体面积，包括屋内分隔墙、户与户之间的分隔墙和外墙，将这些墙体的水平投影面积加起来，就是套内墙体面积。

阳台面积，封闭式的阳台计算全部的面积，开放式的阳台计算一半的面积。

建筑面积的计算公式：

建筑面积 = 套内建筑面积 + 公摊面积

公摊面积 = 建筑面积 × 公摊系数

公摊系数 = 建筑总公摊面积 ÷ 建筑总建筑面积

公式解析：

公摊面积，在一栋建筑内，一些附属的设施用房，如消防通道、楼电梯间、配电房等，它们的面积都要算到公摊面积里，同时外墙水平投影的一半面积也要算在内。

公摊系数，通常多层无电梯的建筑的公摊系数在 5%~10%，也有很少见的一些会超过 10%。有电梯的高层建筑公摊系数如下：

板式小高层：15%~20%。

板式高层：18%~25%。

塔式小高层：18%~22%。

塔式高层：20%~30%。

2. 怎么算房屋的使用面积

套内房屋使用面积，其实就是我们平常说的房屋的使用面积，即卧室、客厅、过道、厨房、卫生间、储藏室、壁柜等所有空间的面积总和。

套内房屋的使用面积，都要按照水平投影的面积来计算。除了我们能直观看到的这些空间面积，还要将内墙面的装饰厚度，和房屋内楼梯的自然层数面积计算在内。

至于墙、柱、保温层、通风道等，都不用计入使用面积。

要注意的是，阳台的面积也不能计入其中。

3. 怎么算房屋的总建筑面积

建筑面积因为会涉及购房者需要支付的房款金额，是很多人关注的焦点，了解其计算方法也就会大致知道自己的钱都花在哪里。

通常，多层或高层的建筑面积是各层建筑面积的总和，外墙面积要刨去底层的外墙勒脚；地下室、半地下室要从上口外墙的外围开始计算面积；电梯井、提物井、管道井等按建筑自然层数计算；穿过建筑物的通道，按照一层的面积来算；凹阳台按照净面积（包括栏板）的一半计算；挑阳台按其水平投影面积的一半计算；住宅建筑的技术层，只要超过 2.2 米就要计算建筑面积。

六、必须掌握的房地产交易专有名词

对于老百姓来说，置业买房是一件大事，因此大多数都想找专业人士为自己出谋划策。而所谓的专业人士，一般都对自己的专业知识掌握得比较牢，和客户沟通时，如果能够时不时地说出几个本行业的专有名词，客户定然会对你心生好感。如果满嘴的大白话，想想看，客户会怎么想？

<table>
<tr><td rowspan="5">情景再现 1</td></tr>
<tr><td>经理：这个月，你的交易过户套数是多少？</td></tr>
<tr><td>楼盘销售人员：两套。</td></tr>
<tr><td>经理：不错。继续努力。</td></tr>
<tr><td>楼盘销售人员（小声嘀咕）：<u>直接问我成交了几套不就行了，拽什么拽？</u></td></tr>
<tr><td>经理：……</td></tr>
</table>

情景分析 ╱ SCENARIO ANALYSIS

不管销售什么，如果想让他人信服，首先就要掌握必要的行业知识。对于楼盘销售来说，要掌握必要的房地产知识。案例中的经理，正确使用了"交易过户套数"，这就是做楼盘销售必须掌握的一个基本词语。不要觉得用大白话也可以表达这个意思，如果想让自己在楼盘销售之路走得更顺畅，就要多了解一些专业知识，并且灵活运用。

情景再现 2

客户：姑娘，什么是房产税?

楼盘销售人员：……

客户：什么是印花税?

楼盘销售人员：……

客户：连这些基本概念都不明白，还卖楼房。

楼盘销售人员：对不起，我今天刚上岗，还需要多学习。

情景分析 / SCENARIO ANALYSIS

如果发现接待自己的销售人员专业知识不具备，客户很容易心生不满；态度不好的客户，甚至还会要求换一个销售人员。这样，就会丢失一个客户。因此，如果想留住客户，掌握必要的房地产基础知识是非常必要的。

SCENARIO ANALYSIS
技／巧／展／示

∨

俗话说：干一门就要精一门。更多更深入地了解你所处的行业，就越能帮助你做好工作，房地产营销也不例外。

1. 专业知识要掌握

下面简单介绍几个常用的房地产专业术语，想要更多地了解，可以查询相关的网站和书籍。

房地产交易：有关房地产的相关市场行为，如房屋的转让、抵押、租赁等。

房地产转让：通过买卖、赠予等合法手段，产权所有人将权利转移给他人的行为。

交易过户套数、面积、金额：在报告期内，已经办理好相关手续的全部商品房的数量、总建筑面积和交易总金额。

可预售面积：在报告期以内，已经获批预售的商品房，未竣工部分和上期结转部分的总建筑面积之和。

合同备案套数、面积、金额：在报告期以内，开发商在当地相关管理部门备案预售合同的商品房总套数、总建筑面积和总金额。

成交套数、面积、金额：在报告期以内办理过户手续的二手房总套数、总建筑面积、交易总金额。

房地产抵押：以债务人房产作为抵押，债务人不能还债时，债权人有权依法将抵押房产拍卖获得债款。

现房抵押：将抵押人自有的房屋进行抵押。

在建工程抵押：将抵押人的合法土地使用权连同在建工程进行抵押。

购房贷款抵押：购房人支付首期房款后，金融机构代其支付剩余房款，房屋抵押给该机构。

抵押金额：抵押物的实际价值。

房屋租赁：产权所有人将房屋出租给承租人，并获取租金收益的行为。

租赁面积、金额：在相关部门登记备案的各类房屋的建筑面积、租金金额。

契税：在土地使用权转移时（包括出让、转让、出售、交换等），产权承受人应缴纳的赋税。

营业税：是按相应税率，针对房地产销售商和个人的营业额征收的税。

营业税附加：是指针对营业税交税者，附加征收的教育附加费和城市维护建设税，依据营业税的税款计算。

房产税：是指依照房屋原值或租金，向产权所有人征收的税。

印花税：是指向在经济活动中订立的房产合同和房产证照征收的税。

个人所得税：合法产权人在对房屋进行转让、出租等行为中，针对其所得征收的税。

保证金：合法产权人在转让房屋时，针对其应缴纳的个人所得税交付的纳税保证金。

房地产交易手续费：依法设立的房地产交易机构，为办理过户手续收取的费用。

房屋权属登记费：在办理产权登记时，房地产管理部门向产权人收取的费用。

其他税费：土地收益金、出让金等不属于上面几类的税费。

应征税费：按照相关规定，单位及个人应该缴纳的税费金额。

实征税费：相关部门或房地产管理部门实际征收到的税费金额。

2. 将专业术语用到工作中

一部分营销人员在工作中，不太愿意使用专业术语，怕客户不理解，从而影响自己的业绩。但要知道，如今很多的客户在买房前，都会查询很多资料，他们也许知道得比你还多。所以，积极使用相关的专业术语是很有帮助的。

02
PART

做好楼房的市场调查、分析和营销策划

　　楼盘的销售不能任意而为，在正式销售之前，做好楼盘的市场调查、分析都是非常必要的。同时，为了更加有利于销售，还要进行一定的营销策划。当你将这些工作做好之后，再采取一定的方法策略，就可以事半功倍；反之，则会事倍功半。

一、掌握房地产调查的原则

作为一个优秀的房地产销售者，就要遵守房地产调查的原则。要对相关的市场信息进行系统的收集、整理、记录和分析，对房地产市场进行研究和预测，为营销提供决策。

情景再现 1

经理：最近三个月，楼房销售额不太好，这里有些市场调查表格，如果有客户来就让他们填一下。

楼盘销售人员：好的。可是，这样的调查有用吗？

经理：肯定有用。

楼盘销售人员：如果客户不愿意填写，该怎么办？

经理：认真引导一下，客户会理解的。

情景分析 / SCENARIO ANALYSIS

面对销售状况不好的现实，销售经理制作了一些市场调查表格，让客户来填写。在这里，不管最终的效果怎样，但这种市场调查的方法确实值得一试。俗话说得好，知己知彼，百战百胜。只要了解了客户心里所想，才能对自己的营销策略进行适当的调整，才能找到最佳的营销方法。

> **情景再现 2**
>
> **楼盘销售人员：**您好，能占用您几分钟的时间吗？
>
> **路人：**有事？
>
> **楼盘销售人员：**嗯，我们正在针对自己的楼盘销售做摸底调查，您能填下这个表格吗？
>
> **路人：**多长时间，我赶时间呢？
>
> **楼盘销售人员：**只要一分钟。
>
> **路人：**行。

情景分析／SCENARIO ANALYSIS

要想了解更多的信息，需要一定量的参与人数，因此要引导路人等主动参与，不能仅仅局限在来买房子的人。因为来咨询的不一定就是要买房子；不来咨询也不一定就没有购房的要求。因此，要尽可能地多收集信息，之后为己所用。

> SCENARIO ANALYSIS
> **技／巧／展／示**
> ∨

在楼盘的销售过程中，房地产调查是一个重要的环节，因此一定要重视起来。那么，如何才能做好房地产调查呢？通常，做好房地产调查工作要按照以下几个原则。

1. 提供的资料要准确

所有调查资料都必须遵循这一原则，只有掌握真实、准确的市场现状，在科学分析和预测的基础上，通过实事求是的分析，掌握客户市场的客观事实，这样才能瞄准市场，作出正确的决策。要检验调查资料是否准确，需要对照以下三个方面来具体分析。

（1）提高自己的技术水平

市场调查，是一门科学知识技能要求很高的工作，销售人员的市场敏锐度和调查技巧、方法水平，直接影响着调查结果的质量。同时，专业、技术水平更高的销售人员，能更精确地整理、分析调查资料，也会更深入地理解调查方案。

（2）提高敬业精神

市场调查是一项相对繁杂、枯燥的工作，销售人员也不只是发发调查问卷、找客户聊聊天这么简单。很多时候，市场调查是在制定决策的条件不满足时才需要的，因此销售人员要顶住压力，不放过每一个对决策有帮助的细节，如此才能让市场调查真正能够发挥现实作用。

（3）被调查对象的态度要客观

被调查对象是不是将自己的真实想法告诉你，对调查结果有着重要的作用，它直接影响结果的准确性。现实中，人们总是有心口不一的时候，如果销售人员在调查过程中不考虑这一因素，很可能获取到有偏差的甚至是错误的信息。只有尽可能地理解客户的心理，判断他们的回答是否出于真心，并利用多种渠道收集资料，收集到的信息才能够交互验证，才能提高结果的真实性。

2. 注重时效性

如今是一个信息化的市场，各种信息瞬息万变。想要获得一份最有价值的调查资料，就应该保证它是最新的。所以，整个调查过程要尽可能地提高效率，在有限的时间里尽快收集更多的所需资料和信息，并立即进行整理分析，这样才能以最快的速度制定营销策略。如果调查工作迟缓拖延，不仅会增加支出，还有可能贻误时机。

3. 全面收集资料

根据每个调查目的的不同，要尽可能全面地收集资料和信息，并要尽量涵盖所有方面：人文、经济、社会、政治等因素，都是影响市场的因素，甚至国际大气候有时都有可能成为重要因素。这些因素的变动有可能互为因果，单纯对某一事件进行调查，无法真正掌握事物发展变化的本质，更不用考虑结论的正确性了。

房地产市场调研在这一点上尤为突出。房地产这个行业的性质，决定了它无法脱离城市的社会环境和经济发展，所以，要想获得一份更加完整、全面的调查结果，就要考虑到整个城市的自然、政治、经济等方面的环境因素，再结合市场的需求量、吸纳量、物业开发量、空置率、总体价格水平，以及消费者心理、竞争对手情况等内容信息。

如果是针对特定项目进行的调查，一定要有针对性。要全面而深入地了解目标客户群的房屋偏好、价格趋向等，准确掌握不同客户的细微差别和一致诉求，如此才能抓住目标客户群，这也是房地产营销成功的秘诀之一。

4. 创造性思维

市场调查虽然是一个具有科学性、程序化的工作，但适时添加一些灵活的创意思维在里面，销售人员就能敏锐地捕捉细微的价值信息，如果能够深入挖掘，必然会让工作事半功倍。

创造性的调查方法，最大的特点就是为我们提出一个有创意的假设，当进一步用各种方法去验证它的准确性时，或许就能从中获得新的发现。另外，创意性思维可以打开我们的思路，挣脱传统的、先入为主观念的束缚，用更新的、更准确的、更直接的方法去调查。

要让市场调查有创意，销售人员就要精通调查技法、准确把握市场、深入理解营销，这样才能保障市场调查的有效性，才能把创造性的价值充分体现出来。

二、熟知房地产调查的方法

像其他调查一样，房地产调查也是有一定的方法的。市场调研的准确与否，在很大程度上取决于所采用的市场调研方法。

> **情景再现 1**
>
> **房地产中介**：您好。
>
> **楼盘销售人员**：您好。我们针对自己的楼盘想进行一个调查，你们能提供帮助吗？
>
> **房地产中介**：嗯，我现在正有点事儿，等我处理完了。
>
> **楼盘销售人员**：好的。麻烦您了。

情景分析 / SCENARIO ANALYSIS

　　进行房地产调查，其中一个重要的方法就是，做一个针对房地产中介的调查方案。房产中介是接触房子最多的人群，他们整天都和买房租房的人打交道，最了解客户现在喜欢什么户型的房子、多少面积的最流行、客户最担心的是什么……这样，就可以花最少的时间办最多的事，提高调查效果。

> **情景再现 2**
>
> **楼盘销售人员甲**：周末，我看到对面那个小区的楼盘销售人员在人民公园做市场调查了。
>
> **楼盘销售人员乙**：我也听说了。咱们公司从来都不做这些？
>
> **楼盘销售人员甲**：咱们领导也是，只知道卖房子，却不懂调查。不掌握第一手资料，怎么卖房子？
>
> **楼盘销售人员乙**：是啊。咱们跟领导提一提？
>
> **楼盘销售人员甲**：我可不敢。我的销售业绩这么差。

情景分析 / SCENARIO ANALYSIS

　　市场调查是促进销售的一种重要方法。因此，一定要多了解。只有掌握了这些方法，收集到关键的第一手资料，才能为自己的营销做参考。

SCENARIO ANALYSIS
技／巧／展／示
∨

　　如果想成为优秀的楼盘销售人员，就要对房地产调查的方法多一些认识和了解。那么，房地产调查的方法究竟有哪些呢？房地产市场调查的具体方法主要包括以下几个。

1. 探测性调查

　　探测性，顾名思义，它并非正式性的调查。这种调查通常是为了企业展开正式调查前做准备的，可以帮助决策者搞清楚哪些问题是需要重点研究的、它所涉及的范围和内容有哪些。同时，还能帮助确定正式调查中所需的对象、重点、方法、时机等因素。

　　比如，想要搞清楚销售量下降的原因，就可以用探测性调查，从中介公司、消费者那里调查近几个月的销售信息，从而分析主要原因在哪一方面：是消费者偏好转移了？是营销方向走偏了？是销售代理效率降低了？还是新产品造成市场挤压？找出问题的关键，也就掌握了深入调查的方向。

　　显而易见，探测性的调查主要目的是收集相关资料，以此来找出问题所在，它所起到的作用就是"投石问路"，要获得解决方案，还是要进一步调查研究。这种调查操作起来也比较简单，可以采用的方法有：收集二手资料、小范围试点调查、整合专家意见等。

2. 描述性调查

　　描述性调查要比探测性调查更深入些，具体过程是：将调查收集的资料进行甄别和整理，再经过审核、记录和汇总，然后就对资料进行更全面、深入的分析，最终将问题的形式、性质和变化等真相具体描述出来。这种方法可以直观地告诉决策者问题的面貌，但并不能揭示本质及内在变化的原因。

　　比如，想要知道购买自己楼盘的主要是哪个消费群体，通过描述性调查，就可以将这一群体的活动面貌展现出来，包括分布在哪里、购买的时间区段、购买方式等。

这种调查是最常见、最基本的调查方法，常用的方法有：分析二手资料、固样连续调查、抽样调查、观察法等。

3. 因果性调查

因果性调查，就要对问题的本质，或是变化的内外因关系作出明确的说明，并对各个因素之间内在的关系，如因果、主从、自变量和因变量等，进行定性和定量分析，从而将问题产生的原因和因果联系带来的结果向决策者展现出来。

比如，如果想调整营销战略，就可以通过因果性调查，知道销售业绩和产品价格之间的关系；营销方式和销售之间是否存在因果关系，降价能不能促进销量增加，开展现场促销可不可以促进消费等。

这种调查以描述性调查作为基础，可以帮助决策者清楚地看到，各种房地产市场上出现的或常见或不常见的现象、问题之间到底有怎样的关联，这些关联会导致怎样的结果。

三、认真分析本年度房地产行业发展趋势

要想做好房地产的销售，首先要对本年度的房地产行业发展趋势进行详细的分析，判断出房屋的买卖情况。以此为依据，来对房地产的整体发展趋势作出准确的判断。

情景再现 1

客户： 人家其他楼盘都降价了，你们怎么还在涨价？

楼盘销售人员： 谁说的，没有啊。

客户： 我们都转了好几个楼盘了，降不降价我们还不知道，你们怎么还涨价？

楼盘销售人员： 是吗？我打听打听啊。

情景分析 ╱ SCENARIO ANALYSIS

在前几年房地产市场一路攀升的时候，即使不用分析，也知道总的趋势是涨。可是现在，如果想在最短的时间里，将手里的楼盘都销售出去，必须对本年度的房地产行情进行有效的分析。

情景再现 2

> **客户：** 现在网络上都说，房产过剩了，你们怎么还在涨价？
>
> **楼盘销售人员：** 我们新开的这个楼盘是学区房，按照市政规划，这里还要兴建一所新小学。
>
> **客户：** 真的吗？这里还要建小学？
>
> **楼盘销售人员：** 你看，这是未来五年市政规划计划表，人们都知道，早就在朋友圈传遍了。很多人都是冲着新建的小学来买房子的。
>
> **客户：** 我们再打听打听，如果真是这样，还得赶快下单了。

情景分析 ╱ SCENARIO ANALYSIS

房地产行情可以根据不同城市作出大概的预测，如果发现自己手里的楼盘是热点，就要将其中的热点炒热，引导客户来购买。尤其是，当用户发现此楼盘正好满足自己的心理需求时，就会下单购买。比如，离学校近、离医院近、交通方便等。

SCENARIO ANALYSIS
技╱巧╱展╱示
∨

任何一种商品的发展，都有一个发展趋势，房地产也是如此。因此，在正式销售房子之前，针对本年度房地产的行情进行分析就尤其必要。

1. 看看人们喜欢哪种类型的房子

在推销房子之前，要对人们喜欢的房屋类型做到胸中有数。如果客户喜欢大户型的，那么就可以重点推出大户型的。同时，针对一些刚毕业的人士，可以推出一些小户型的房子。

2. 看看如今的房价涨幅如何

房价是个比较敏感的问题，如果房价总是居高不下，能够买得起房子的人就很少了。或者，如果房价出现了下跌，人们的购买力可能就会提升。

3. 看看本省的房产发展趋势

本地区的房产发展趋势，一般都和本省的房产发展有着密切的关系，因此在分析本地区房产发展趋势时，一定要看看本省的房产发展趋势如何，以此来决定自己的销售策略。

4. 了解全国的房产行情

很多人买房都是为了投资，因此要了解全国的投资行情和房产发展趋势。如果发现人们投资房产的人逐渐减少，就说明房产热很快会下滑。这时候，就要多想一些营销策略。

四、做好项目市场推广策划

房屋楼盘也是一种商品，想在最短的时间里将楼盘售出，也需要制订一定的推广方案。因此，对于销售人员来说，掌握必要的策划方法也是异常重要的一环。

情景再现 1	客户：请问，此楼盘具体位置在哪儿？
	楼盘销售人员：郊区，离市中心 25 公里。
	客户：这么远啊。

情景再现 1	**楼盘销售人员：** 您在哪里住？
	客户： 我现在住在市里，在市里上班。
	楼盘销售人员： 这个小区正好在外环边上，看着远，其实路很好走，开车也不堵车。

情景分析 / SCENARIO ANALYSIS

在推广楼盘时，如果客户觉得"太远了"，就可以找些交通便利的优势来告诉对方。比如，上面案例中，虽然房子在郊区，但走外环，交通方便，这就是一个推广的策略。

情景再现 2	**客户：** 我们想买低楼层的，最好是一楼。
	楼盘销售人员： 为什么？
	客户： 主要买来是给老人住的。
	楼盘销售人员： 嗯，老人适合住低层。老人腿脚好吗？
	客户： 还行，就是年龄大了。
	楼盘销售人员： 其实，我觉得，如果老人腿脚利索，完全可以住得高一些。一楼虽然上下楼方便，但阳光不好，也不太适合老人居住。高一点儿的，阳光充足，对老人身体好。而且，老人每天爬爬楼梯，就当作锻炼身体了。
	客户： 你说的也有道理。你们还有几楼的，我们都看看。
	楼盘销售人员： 我先带您去看看 5 楼吧。
	客户： 行。

情景分析 / SCENARIO ANALYSIS

很多人在买房时，为了照顾老人，都会选一些楼层低的。可是，如果没有楼层低的，怎么向客户推介？这时候，就可以将高楼层对老人的好处说出来，比如，阳光充足、锻炼身体等。除非老人确实腿脚不便，否则大多数人都会接受。

SCENARIO ANALYSIS

技／巧／展／示

∨

任何一个房地产项目的开发，其目的都是为了实现销售，所以好的市场营销策划，会让你的产品更受欢迎。那么，如何做项目市场的推广呢？

1. 三大营销策划模式

在做市场推广时，可以使用以下三种营销策划模式，具体如下。

（1）概念策划

为一个房地产项目，总结出一个或几个不同于其他房产项目的显著特征，并由此向消费者建立一种简单而深刻的概念，在宣传中不断强调这个概念，消费者就会对该项目产生一个固有印象，这种印象会引导有意向的消费者更关注，在多个项目的对比和挑选时，潜意识里会比较倾向于自己所偏好的那一个项目，这样就能达到促销的目的。

（2）卖点群策划

随着房地产产品同质化的加重，更多的消费者对于房屋的购买正在趋向理性选择。这样就可以采用"卖点群"策划，为项目罗列出几个比较突出的优点，并承诺消费者满足其全部要求，以此来达到促销目的。

如今，房地产市场已经产生供大于求的状况，消费者需求的减弱和消费思维的理性化，使得"人有我优"的销售策略能更好地适应市场变化。

（3）等值策划

等值策划，就是要使销售价同楼盘成本相适应。权衡项目优势卖点，找出最突出的，或者挖掘未发现的价值点，避免售价提高造成大量楼盘空置，或者项目成本提高却没有获得等值的售价。以此达到促销的目的。

2. 三大营销策略

策划该从哪些方面着手？最主要的三大策略要从营销渠道、宣传推广和定价方面来考虑。营销策划在制订和实施之前，一定要划分好阶段，并且每一阶段都要制订一个各有侧重的整体营销计划。

（1）渠道策略

营销渠道是将开发商和消费者联系起来，并转移产品的重要途径。自销和委托代理，是房地产商制定营销时最主要的两种渠道策略。

直销方式是开发商常用的渠道，通过自己组织的销售人员，在一个固定的销售场所，直接面对客户进行现场销售。这种销售渠道最短、最直接，也可以很好地对可能产生的问题做出迅速反应和有效控制。

委托代理，就是开发商通过房产代理商来销售或出租房屋。这种方式通常在中小型房地产公司中采用的比较多。代理销售这种营销渠道看起来比较麻烦，但可以更好地规范房地产市场，加强对房地产市场交易的监督，并能更有效地规避风险。

（2）宣传策略

要想让消费者了解、熟悉甚至认可你的房地产产品，就一定要客户保持良好的沟通。最常见的渠道就是广告宣传、现场活动和回访调查。房产不能移动，要消费者每次都看到实体房屋也不现实，因此必须通过广告来吸引客户。上门的客户越多，越有可能创造更多的销量。由此可见，广告推广策略，在房地产营销策划过程中的地位是很重要的。

（3）定价策略

定价策略是一个很有特色，但同时又很重要的组成部分。有时，价格是交易成败的决定性因素，但是它也是房地产市场所有营销组合里最不稳定的因素。

如今市场竞争很激烈，制定房产价格要考虑很多复杂的因素，要想在企业目标利润和消费者接受值之间做出准确定价，既要考虑宏观因素，也要注意微观因素和细节操作。记住一点，只有制定出合理的售价，才能实现促销的目的。

五、反复推敲项目销售策划

为了取得销售收入，需要进行一系列销售工作的安排，包括确定销售目标、销售预测、分配销售配额和编制销售预算等。如此，你的销售工作才能做到有的放矢。

情景再现 1

经理： 第一季度已经过去了，为了第二季度的销售更有效果，我们每个人都做一份销售计划，一个星期后交给我。大家认真想想。

楼盘销售人员甲： 经理，销售量是否能上去，与有没有销售策划书，没有关系。浪费这么多时间写策划书，还不如好好卖房子。

楼盘销售人员乙： 是啊。我只有中学文凭，不会写。

经理： 关于销售策划的具体写法，我会发给你们一份参考。一定要认真对待。完不成的，本月扣 500 元。

情景分析 / SCENARIO ANALYSIS

在做营销时，很多行业都会制订一份销售策划案，之后按照这份策划案来进行具体销售。有了这份策划书，营销也会变得轻车熟路。因此，案例中的楼盘销售人员对于营销策划书的态度是不正确的。

情景再现 2

楼盘销售人员： 按照计划，我这个月应该售出 5 套 100 平方米的房子，再售出一套就实现计划了。

经理： 不错。是不是写份策划书还是有帮助的。

楼盘销售人员： 嗯，帮助挺大。

经理： 吸取经验教训，下个季度再做一份这样的销售策划。

楼盘销售人员： 好的。

通过这个案例可以发现，营销策划书的效果异常明显。因此，如果想让自己的楼盘销售提高销量，就要认真对待销售策划书。如果一次写得不满意，还要多推敲几次。

SCENARIO ANALYSIS
技／巧／展／示

∨

事实证明，优秀的楼盘销售人员通常都会制定适合自己的营销策划书。那么，具体应该如何做呢？制订行之有效的项目销售策划方案，要从以下几个基本点入手。

1. 确定营销目标

在执行营销策划方案期间，提出一个需要达到的具体目标。例如，在房产项目销售期间，最终的效益目标是：销售量最终达到 × 万套，销售额达到 × 万元，预估毛利是 × 万元，要达到 × 的市场占有率等。

2. 制定营销战略

（1）明确营销宗旨

在制定营销战略时，首先明确营销宗旨。可以采用差异化营销，为产品确定准确市场位置，突出自身的产品优势，加大推广力度强势拓展市场。或者针对某一消费群体采取特别的宣传方式，重点营销。还可以横向拓宽销售区域，让销售渠道做到点广面宽。

（2）重视产品策略

通过前期的市场调查和问题分析，为产品打造最合适的 4P 组合，来达到最优效果。具体如下表所示。

4P	说　明
定位	根据市场需求来定位，重要的是让你的产品能够成功占据消费者心中的消费空位
品牌	房地产产品如果具有一定的知名度和口碑，就会很快吸引大量客户的关注，消费者会对品牌形象好的产品有更多的信任，所以，一定要有创立品牌的意识
包装	任何产品给消费者留下的第一印象，都是来自包装，迎合消费者口味的包装策略会让你的产品更受青睐
服务	服务是营销过程中必不可少的一部分，策划中一定要将服务的质量、方式和改进方案规划详细

（3）制定合理价格

如果决定以价格为优势进行营销，就要注重价格策略。有以下几种方式可以参考。在成本的基础上参考同类产品价格制定；提前做好市场调查，摸清消费群体的价格趋向；制定弹性价格，为打折优惠留出空间。

（4）开拓销售渠道

销售渠道的设计要依据现有情况，考虑如何实现产品和消费者的有效对接，有哪些渠道是可以拓展和开发的。如果涉及代理商，给他们一些奖励政策，促进其积极性。

（5）着重宣传推广

宣传推广的策划要遵循一定原则：树立良好的产品形象，宣传策略要始终保持统一；要有一定的宣传期限，宣传重点不能总是变化，要让消费者产生一个深刻的印象；宣传模式要多样化，利用各种媒体优势扩展广告的推广范围；结合节假日等特殊时期，进行优惠或者赠礼活动，吸引消费者。

具体方法为：可以在前期推出线上和线下产品形象广告，同时收集消费者反馈；在正式销售阶段，给代理商一定的奖励或优惠；节假日时，可以根据具体情况搞一些互动活动吸引消费者参与。

（6）做好执行方案

有了完整的营销策划方案后，针对各时段的战略重点制订具体的操作方案。在这个过程中，不仅要注意方案的细密性，要保证实际执行起来具有很强的操作性和灵活性；还要将方案执行时所需的费用考虑进来，以求用最低费用达到最好的效果。

3. 做好预算

在整个营销方案的执行过程中，资金是最关键的支持，因此必须提前做好详细的预算，无论是总费用，还是阶段性费用，甚至是单个项目费用，都要有一个明确的估算。这样才能保证营销方案的顺利实施。

4. 调整方案

调整方案是策划方案的一个辅助部分。在执行方案的过程中，如果有与方案制订不相符的因素出现，必须根据市场反馈，对既有方案做出快速的适应性调整。

做好销售准备才能提高成交量

　　俗话说得好，有备无患。提前做好准备，正式销售的时候，才不会一团糟。比如，准备好关于楼盘的资料、布置好销售现场、做些广告、做个微视频、请个明星做宣传、提炼项目的卖点等。这些都是楼盘金牌销售员经常要做的事情，一定要学会。

一、准备好有关的资料做事才有条理

客户在买房子之前，对于房子的信息肯定要多了解，因此提前准备好和房子有关的资料，也是销售应该做的第一步。当你将这些资料都摆在客户面前时，说服力自然会提高。

情景再现 1

客户： 三楼的房子多少钱？

楼盘销售人员： 2 万元每平方米。

客户： 六楼呢？

楼盘销售人员： 也是 2 万元。10 层以上就便宜了。

客户： 便宜多少？

楼盘销售人员： 多少？我忘了，稍等。我去查查。

……

（2 分钟后）

楼盘销售人员： 19 000 元。

客户： 有售价表吗？我们自己看。

楼盘销售人员： 有。稍等，我去拿。

情景分析／SCENARIO ANALYSIS

在售楼的过程中，你是否也遇到过类似的场景：由于准备不充分，当客户提问时，自己要一次又一次地离座。要知道，这是销售楼盘的大忌。一是你连基本的资料都准备不全，客户就会觉得你不重视他、不专业，就会对你降低信任感；二是当客户从你这里无法获得满意的答案时，很容易掉转头投向其他楼盘销售人员的"怀抱"。而如果另一位销售人员比你更专业、能为客户提供满意的答案，想想看，客户还愿意留在你这里吗？

情景再现 2

客户：我们想买这个三楼的房子。

楼盘销售人员：好的。您是交全款，还是首付？

客户：我们先交首付，然后交按揭。

楼盘销售人员：好。这是按揭协议书，您看下，我们会帮您联系银行。

客户：好，真是太谢谢了。

楼盘销售人员：不用客气，这是我们应该做的。

情景分析／SCENARIO ANALYSIS

不可否认，当你能够为客户考虑好一切时，当你能够为客户省去很多劳顿时，客户肯定会买你的房。因此，在给客户正式介绍楼盘之前，要尽可能地将客户会问到的问题都整合到一起，提前做好准备。你准备的资料越全面，客户的满意度越高，成交的概率也就越大。

SCENARIO ANALYSIS
技／巧／展／示
∨

在销售正式展开前，相关资料和文件要提前准备好。下面列举几项基本的材料。

41

1. 预售许可证

如果开发商所售房产还未竣工，应当到地方政府提前办理好预售许可证，有了政府允许预售的有关文件，开发商才能开展预售活动。具体办理办法各级市、县政府有不同规定。在正式销售楼盘之前，一定要将这个许可证掌握在手里，因为客户很可能会问。

2. 购楼须知

购楼须知主要用于向购房者宣传房屋产品，另外还有向购房者说明认购流程和要求的作用。如果客户提出相关的问题，完全可以直接给他看。

3. 售楼书

售楼书是真正意义上的房产说明书，开发商通过售楼书介绍有关房产的基本情况，包括楼盘位置、面积、用途、设计、配套设施及物业管理等内容，并且向购房者展示出户型结构图、楼盘总平面图、位置图、功能图等，可以帮助购房者更好地了解房屋的情况。

4. 售价表

在正式开售之前，开发商一般都会制定一个统一明确的价格表，不仅会分列出户型、楼层、面积等单项，还会依次标出单价和总价，也会标注一些优惠折扣等信息。同时，还将采用的付款方式及付款流程明确告诉购房者。为了让客户一目了然地了解到相关的信息，需要提前准备好售价表。

5. 认购书

如果有购房者要当即认购，仅签订协议是没有法律效力的，因此还要准备好认购书。当购买者确认购买房屋，并缴付了定金，就可以让他签订认购书。在认购书上，要签上购买者的姓名，还有楼盘的名称，购买者所选的房屋楼号、户号，相应的面积、价格和已支付的定金等。定金的支付方式双方按先前的约定即可。

6. 买卖合同

在签订认购书之后，开发商要与购房者签订正式合同，这份合同要依法规定开发商和购房者之间的权利及义务，是具备一定法律效力的。一定要提前准备好。

7. 按揭协议书

如果需要银行提供按揭服务，就要与银行签订合同意向书。主要包括按揭总金额、楼层数，以及服务时限和起止时间。这样，客户办理按揭时，就会方便很多。

二、有序布置销售现场，做好样板房

经过长时间的准备，房地产项目终于迎来了最重要的一个环节——开盘认购。可是，火爆销售的基础少不了细节的处理，开盘现场布置需要做很多工作。

情景再现 1

客户：你们有样板房吗？带我们去看看。

楼盘销售人员：没有。我带您直接去看房子吧。

客户：你们怎么连样板房都没有？

楼盘销售人员：我们一直都没有，楼房销售也做得不错。

情景分析／SCENARIO ANALYSIS

案例中，客户想看样板房，可是却没有。既然客户已经提出了这样的要求，肯定是代表了众多客户的想法，这时候就要将这个意见及时反馈给公司，让公司打造一个样板间。而不能客户说一句，你接着顶一句，否则客户很可能就会离开。

情景再现 2

> **楼盘销售人员：** 赵先生，您先不要决定是否购买，我带您去看看样板房吧。
>
> **客户：** 好吧。
>
> **楼盘销售人员：** 您看，这是120平方米的房子，多宽敞。
>
> **客户：** 空间确实挺大的。
>
> **楼盘销售人员：** 而且，这是在四楼，您看阳光，直接照进来，屋里一点都不暗。
>
> **客户：** 嗯，不错。

情景分析 / SCENARIO ANALYSIS

很多时候，仅仅通过沟通，客户是无法了解房屋的居住效果的，这时候就可以让他们看看样板房，让他们在屋里感受一下。当他们在样板房里有了家的感觉时，感受到生活的美好时，通常都会快速下单，而这也就是样板房的真正意义所在。

SCENARIO ANALYSIS
技／巧／展／示

∨

样板房相当于楼盘的样品，是对购房者最直观的宣传展示。因此，样板房的设计一定要注重合理的空间布局，装修设计要符合整体风格和目标群体的审美，材料选取也应科学合理。力求通过样板房，将楼盘的整体特色和商业价值完美地呈现出来。

销量的提升，不仅需要技巧高超的销售人员，销售工具应用恰当，也会对销售量产生很大的帮助。

（1）选好洽谈桌椅：洽谈桌不仅是供客户休息和洽谈的工具，舒适的洽谈环境会提升购房者的好感。利用圆桌可以让人觉得平易近人；利用矮桌可以拉近彼此的距离。此外，不要让客户面对门而坐，否则很容易使之分心。

（2）选好柜台位置：柜台是销售中心的业务处理中心，它的职责不在宣传上，所以配套桌椅就不能放在门口。应该将沙盘模型等比较直观的、吸引人的宣传海报放在门口，让柜台稍稍靠后，以减少对立感，让购房者重点对楼盘产生深刻印象。

（3）确定好销售中心的面积：不仅要选好销售中心的位置，面积的大小同样值得关注。如果面积太大，人流低谷期就会让人感觉空旷，给购房者造成"无人问津"的心理印象；如果太小，会出现人流高峰期拥挤不堪的现象，这样就不利于销售的展开。因此，销售中心的面积和布置要根据预估的人流量和面对的消费阶层，系统分析后再做决定。

（4）怎样选取样板间：样板间的选择关系着楼盘的整体形象，因此，要针对主要目标群体，让客户在了解房屋的户型、布局、可实现的装修方向之外，将房屋的不同特点有侧重地展现出来。通常，套房以12~15平方米为宜；住家以30~32平方米为宜。

（5）不能忽视沙盘模型：很多开发商都是习惯性地在销售中心摆一个沙盘，好不好看并不在意，其实沙盘还是有很大作用的。购房者通过3D沙盘，可以更直观地了解楼盘周围的地段、环境、位置、设计，和相关配套设施的情况，沙盘模型制作得越是贴近实际情况，就越利于销售。

（6）销售状况倒计时：销售状况的展示要有一定技巧，房屋销量不是很高时最好不要展示，当销量超过40%之后，就可以向购房者展示销售状况，并实时更新。当销售量不断攀升，而且速度加快时，购房者就会产生焦躁心理：这个楼盘卖得这么好，要是不赶紧买就没有了。

（7）炒热气氛的工具不能少：根据事实经验，楼盘销售每天通常也有两个高峰期，在上午10：00~12：00和下午15：00~18：00这两个时间段，购房者会比较集中。销售人员可以在期间利用扩音器、红色条幅等现场制造热烈气氛，不仅可以提高现场购房者的积极性，也可以因此吸引更多人到售楼中心一探究竟。

（8）价格表要和付款、贷款方式和相关流程相配合。

（9）要对周围地段的同类房产优势了解，并认真比对、分析。

（10）不要放过购房者的任何习惯行为。

（11）明确安排现场功能：当销售现场出现火爆的场面时，为了避免混乱而影响销售效率，要提前将各个功能分配好，哪些人负责传发DM单、活跃现场，哪些人负责引导购房者；哪些部门负责现场认购，哪些部门管理信息？这些都要提前做好部署。

三、做些广告，先混个脸熟

按照传统的营销模式，为了扩大宣传效果，商家一般都会提前打广告。一句脍炙人口的楼盘广告语，可以给购房人留下深刻的印象，进而很好地促进楼盘的销售。因此，在正式销售开始之前，也要发挥广告的效应，先让人们了解你的楼盘。

情景再现 1

客户：你们楼盘都开盘三个月了，怎么不见广告。

楼盘销售人员：我们这期房子不错，所以就没发布广告。

客户：如果不是同事跟我说，你们这里也有新楼盘，我根本就不知道。

楼盘销售人员：嗯，我们的楼房卖得还不错。

客户：如果能够做广告，相信效果一定更不错。

情景分析 / SCENARIO ANALYSIS

广告，是楼盘销售的一个重要步骤。如今，每天都会出现新的楼盘，如果你不做广告，很可能就会被其他楼盘的广告盖过去，即使你的楼房位置佳、环境好，你不说，人们怎么会知道？因此，在这个崇尚广告的时代，在正式售楼之前，一定要先做些广告来混个脸熟。

情景再现 *2*

客户：按照广告，你们的这个楼盘是靠近医院的。

楼盘销售人员：是的。距离市第二医院只有 5 公里。

客户：5 公里？这还算近？

楼盘销售人员：是啊。靠近医院已经不错了。

情景分析／SCENARIO ANALYSIS

看到这样的场景，是不是你会哭笑不得。在广告中，明明写着"靠近医院"，结果却是"5 公里"，这样的广告就有点糊弄人了。因此，做广告宣传时，一定要实事求是。有就是有，没有就是没有，不能糊弄老百姓。一旦老百姓觉得你的广告里有水分，即使你的楼盘再好，也会在印象上大打折扣。

SCENARIO ANALYSIS

技／巧／展／示

V

进入信息化时代，各种新的宣传渠道、媒体平台层出不穷。在房地产销售宣传中，不仅要充分利用传统的纸质媒体、房展会、平面广告，电视广播、互联网、移动客户端等渠道也可以尝试。总之，就是要用有限的资金，实现最令人满意的宣传效果。

数据显示：目前房产广告的主要宣传平台仍是报纸，但由口碑形成的助推效应也不应忽视。其他方式虽然比例相对不高，但也各有特点，我们就来比较一下。

1. 报纸广告

如今，纸质媒体虽然不再是最主要的媒体，但报纸仍有相当广泛的受众群体。报纸具有内容丰富、形式多样、易携带、可保存、费用低廉等特点，因此人们的接受度比较高。很多房地产公司也愿意采用报纸来做宣传广告。

2. 房展会

房展会上通常都会集中很多家开发商的楼盘项目。对于购房者来说，他们愿意在短时间内了解更多新盘的情况；但对于销售人员来说，竞争会比较激烈。

在展会上，往往是新项目比较容易吸引人们的眼球，各家开发商也是集中全力在会展上造势：有些体现内销的项目会让预约客户在展会上签约，以此来炒旺人气。这种"造势"的宣传模式，很容易吸引购房者注意，但也可能分散他们对房产本身的关注，所以实际的销售结果很有可能会缩水。

3. 路边广告

我们在路边经常会看到很多路牌和条幅，上面常常会出现某个楼盘的销售广告。这种模式对区域性潜在购房者比较有效，特别是物业成熟的区域，大多想要买新房的人，还是希望在比较熟悉的环境选购。只要将这些路牌广告设置在重要的交通枢纽，就会吸引相应的消费群体的关注。

4. 互联网

我们正在步入电子信息时代，互联网对人们生活的影响在逐渐加深。它可以让购房者足不出户就查询想要的楼盘信息，节省了大量时间，也节省了生活成本。因此，在宣传时，也可以将一些信息放在网络上，方便客户查阅、咨询。

但要注意的是，放在网络上的信息尽可能清晰、齐全，并要适应当地的网络条件，否则购房者一旦不能从中获得有用的信息，或是网速受限无法浏览，都将达不到预期的效果。

5. 广播、电视

有很大一部分有车族，或者出租车司机，都是广播电台的忠实听众。可以选择合适的广播电台进行合作，在高峰期播放宣传广告。电视比广播更多一项优势——画面，观众可以更直观地看到楼盘情况，加深印象。但这两种性质的广告存在时间较短，单次有效率不高，需要长期大量的投入，才能获得一定效果。

6. 熟人介绍

这是一个值得特别关注的因素。据相关调查，有 60% 的购房者都是公司管理人员，他们很少有时间咨询、看房，通常都是通过朋友介绍，选择口碑较好的楼盘。这种效应在高档物业中尤其突出。这是一种最省宣传费用的模式，但也是最需要多下功夫的。只有准确抓住客户心理，让他们对你产生信任，才能形成良好的口碑，自觉成为你的"推销员"。

7. DM 单、车体广告等

目前，国内有很多家电品牌的营销，会根据淡旺季、产品生命周期的变化，采用不同的宣传手段。房地产营销也可以借鉴其他行业的有效模式，综合运用各种渠道和手段，扩大宣传的影响力，达到最终的目的。

四、制作产品微视频，对销售进行预热

如今，SEO、网络推广技术都已经发展得十分成熟，想要突破楼盘销售的现状，微视频营销推广不失为一种好的途径。通过短短几分钟的视频，讲述一个引人入胜的话题或故事，就可以将客户的注意力吸引过来。

情景再现 1

客户： 现在，很流行微视频，你们怎么不制作一个？

楼盘销售人员： 那些都是比较虚的东西，我们卖的是实实在在的房子，不搞那些。

客户： 我到附近的几个楼盘都看过，通过视频看，确实更直观。

楼盘销售人员： 我们这里没有，想看去其他地方看去。

可以想想，当客户听到销售人员这样说话时，结果会是怎样？如今，视频很流行，尤其是在朋友圈中，经常会看到很多有趣的视频。而对这样的视频，一般人都会点击观看，甚至还一度引发了视频热。没事的时候，拍段视频，自娱自乐，也正在成为人们的一种生活方式。因此，在视频盛行的今天，楼盘销售时，也要将视频充分利用起来。

情景再现 2

楼盘销售人员： 你看，这是我们针对这个楼盘做的视频。

客户： 我看看。

楼盘销售人员： 这是俯瞰，您看，右边是清水河，左边是学校，南边是公园，北边则是商场……是不是很方便？

客户： 嗯，确实不错。

情景分析／SCENARIO ANALYSIS

事实证明，楼盘销售时，将视频充分利用起来，确实是一个不错的方法。和图片比较起来，视频给人的感觉更直观、更全面，更能给客户带来好的体验和感受。聪明的楼盘销售人员都会引导客户去看视频。一边看，一边解说，当用户心中的疑虑一一解除时，交易也就达成了。

SCENARIO ANALYSIS
技／巧／展／示

∨

如今，网络技术的发展逐渐趋向成熟，新兴的网络传播手段更是层出不穷，微视频就是其中一个很好的载体，因此楼盘销售，完全可以利用微视频进行营销推广。

1. 微视频要符合主流

一部宣传视频，相当于一个公司的名片。微视频虽小，但也要充分包含房地产公司的相关信息，这样你的客户才会对你产生印象。尤其针对无法走进销售中心的远程客户，宣传视频能帮你节省很大的一项开支。

对于一些规模不是很大的房地产公司来说，自己制作微视频可能会有一些难度，所以就要找专业的制作团队来完成。微视频是宣传的前哨，是打响品牌的第一步，好的宣传片必须抓住客户的心理，符合主流审美，这样才能吸引更多人关注，才能真正将你的楼盘宣传出去。

宣传视频的作用，就是让购房者心中产生一个好奇，并相信你所宣传的内容，从而促使他们到你的销售中心去。如果片中没有真实的内容、引人入胜的画面，怎么能打动客户呢？无法打动客户，就是失败的宣传。

2. 微视频要为产品做宣传

微视频这一概念最初就是从互联网兴起的，要想通过微视频来宣传推广，可不要再走电视广告的老路，它更适应互联网的存在。无论是微博、微信，还是情景广告，都可以成为微视频露脸的平台。而且，与电视相比，网络可以以更廉价的投入，获得更广阔的受众群。那么，如何给微视频加料，才能充分发挥它的作用呢？

（1）将楼盘的基本信息和特点加进去

我们要做的是微视频，不可能将全部的信息都放在几分钟的视频里，所以，要选取楼盘的独特之处来进行宣传，吸引客户关注。同时，可以配合一些基本的信息，吊起客户的胃口，让他们主动到销售中心咨询楼盘的详细情况。

（2）创意必不可少

在人人讲个性的今天，同质化的东西是吸引不了多少人关注的，因此要让你的微视频做得有创意，在不影响房产信息传达的基础上，对形式有所创新才是关键。这一点可以和专业的制作团队协商确定。

3. 微视频，大文化

所谓微视频，单个的内容不多、时间很短，怕宣传力度不够，如果想扩大影响，就可以在数量上下功夫。

除了将房产信息的重点制作一两个外，还可以将公司内部的一些内容做成微视频。比如，公司的文化、项目规划、楼盘设计过程等，甚至可以将公司的外部大事和内部趣闻制作出来，让客户对公司有更深入的了解。如此，不但可以拉近彼此的距离，还可以增加客户的信任感，进而推动之后的销售。

五、邀约明星做宣传

人气对楼盘的重要性不言而喻，而邀请明星最大的亮点就是为开发商们攒足人气。火热的明星结合楼盘做宣传，往往能够吸引购房者们的注意，成为人们茶余饭后谈论的焦点。这是一个追星的时代，如果想提高宣传效果，就可以找些明星合作，找明星代言。

情景再现 1

2014年，4月19日，富力地产邀请韩国巨星宋承宪，亲临广州富力盈东国际超甲级写字楼，参与广州富力之旅暨富力超级业主VIP答谢会活动。现场气氛异常火爆，粉丝热情高涨，许多超级粉丝甚至还不远千里，从全国各地赶来，只为一睹偶像的风采。

情景分析 / SCENARIO ANALYSIS

这是一个追星的时代。如果想扩大营销，完全可以找明星代言，将楼盘营销搞成娱乐大片。明星的效应显而易见，当粉丝追捧这些明星时，楼盘的影响也就扩大了。

情景再现 2

2014 年 5 月 24 日，天河新天地 smart 公寓板房首度开放，"金像奖影帝"任达华在天河新天地举办了见面会，与影迷和楼盘诚意客户进行了近距离接触。直到 6 月 22 日的每个周末，视帝方中信、情歌王苏永康、超级新星泳儿、亚洲金牌主持陈启泰等大牌港星分别出席了天河新天地的明星宣传系列活动，纷纷为天河新天地撑场。天河新天地举行的一系列明星周末活动，在短短的一个月内起到了很好的楼盘宣传效果。

情景分析 / SCENARIO ANALYSIS

名人的参与虽然不会直接促进楼盘成交，但是为项目积攒不少的人气，极大地提高项目的宣传效果。无论什么产品，为了打响名号，把自己成功地推销出去，宣传是必然。

为了提高宣传效果，各开发商可谓卯足了劲，花样百出，各种 DIY 活动、模特走秀、歌舞表演等屡试不爽，而在多种宣传活动中，利用明星作为噱头进行宣传一直都是开发商最为中意的。

SCENARIO ANALYSIS
技／巧／展／示
∨

明星效应在哪个时期都是让人惊叹的现象，随着各行业销售市场的相互融合，很多房地产商也渐渐发现"明星效应"这块"磁铁"，纷纷与明星展开"合作"，在房产销售前期为宣传造势，明星活动也越来越成为房地产营销的"重头戏"。那么，如何和明星合作为房产营销造势呢？

1. "明星地产"，一张房地产营销的好牌

群星闪耀的年代，随处可见他们的身影：公交站、地铁站、路牌灯箱、

楼宇海报、高速广告，几乎如影随形。商家充分运用"明星效应"，营销手段更是五花八门，不过总结起来不外乎两个方面：冠名广告、活动吸粉。比如，有明星要开演唱会，合作的商家就会提前将他（她）冠名的广告布满大街小巷；在演唱会临近的几天，通过给粉丝提供福利吸引访问量，以此来挖掘潜在客户。

明星推广，对于房地产营销来说是一张好牌，这张牌最重要的作用就是提升了知名度、增加了曝光率。它将房产信息带到了各个市场层面，人们不但认识了房产品牌，还会在茶余饭后谈及它。利用明星的影响力，树立公司形象、推广房产销售，已经成为房地产行业营销推广的新常态。

2. 明星只为造势，实力才是重点

虽然说了很多明星宣传的好处，但是我们不应该忘记，明星带来的效应只是为了"造势"，也就是炒热客户的关注度，真正要实现销售目的，还是要有真材实料。明星营销可以让你在短时间内获得很高的关注，也为公司树立了良好的形象，但这一切只是一个基础，真正要获得客户认可的，还是你的楼盘，你的房子。

"劲酒虽好，不要贪杯"这不仅仅是一句广告词，也是房地产商在利用明星效应进行营销时应该认识到的。若是用力过度，就会让人觉得你是在"哗众取宠"。要知道，那些想要买房子的人才是你真正的客户，让房子说话，才是硬道理。

有一家开发商，利用明星吸引了大量的购房者，成交量也节节攀升。但是，媒体曝出，有的楼栋的深基坑里有积水，而且深达数米，结果可想而知。因此，能请来多大牌的明星不是房地产商值得骄傲的事情，能有多少忠实客户，才是实力的真实体现。

六、不要忽视了地推这一常用不衰的好方法

要想提高销售，首先选取特定的地点做地推活动，拉动用户互动。在房产销售过程中，地推是一种常用不衰的好方法。

情景再现 1

按照经理的要求，周末的时候，小李他们需要到附近的商场进行楼盘的地推。小李很不满意，一想到要占用自己的周末时间，她就心情全无。小李和同事抱怨着："现在，人们都在用微信做营销，咱们经理还在搞老一套的地推，真落伍。"

同事听她这样说，也不好说什么，只是劝她说："地推的效果确实不错，你这个月的销售业绩不好，好好做做地推，也许情况会改善。"小李听了同事的话，只好闭上了嘴巴。

情景分析 / SCENARIO ANALYSIS

所谓地推，是地面推广人员的简称。地推是楼盘销售的一种重要推广方法，不管在过去，还是在移动互联网盛行的今天，很多楼盘的销售依然在使用这种宣传方式。找个人流量大的地方，发些宣传单，当用户有这方面需求时，自然就会找你了。

情景再现 2

小周是位售楼员，为了扩大销售量，她在自家的餐馆里放了一些楼盘销售的宣传单。每天中午回来吃饭时，她都会给食客发一些宣传单，如果有人咨询了，她就多说几句。

客户拿到了宣传单，有了问题，就会直接给小周打电话。小周不仅给客户分析楼房的行情，还会给客户介绍一些其他楼盘的情况，一来二去，大家就熟悉了。最后，选择一大圈之后，很多客户还是选择了小周所售的楼盘。

不可否认，这种一对一的地推方式确实是一种不错的方法。在宣传上留下自己的联系方式，当对方有需要时，自然会主动联系你。当然，还可以在宣传上发布楼盘的二维码，这样客户了解信息的方式就更直观了。

SCENARIO ANALYSIS
技╱巧╱展╱示
∨

"发传单"是最常见的营销手段，现在各种营销渠道和方式让人眼花缭乱，很多房地产公司很容易忽略这个小环节。在有些情况下，传单比你想象的更有用。那么，如何才能利用好这个手段呢？下面，我们就从三个场景来进行分析。

1. 场景一：选择接受传单

多数人认为，要想让传单发得好，传单内容设计很重要。但是，"发传单"是一个立体的过程，需要四个元素共同起作用：传单本身、地推员、受众群体、派发环境。其中，受众群体的心情是整个过程的关键，他接不接受传单，考虑时间不到0.3秒，所以派发传单的结果全由这0.3秒的情绪来驱动。

通常，地推员都会在人流密集的地方派发传单，但大部分时间里，出现在这些地方的人都比较匆忙，他们没有时间去理会地推员，何况很多人对于陌生人是持抵触情绪的。那么，如何让受众产生情绪共鸣呢？不妨从受众角度想想，再结合实际场景分析，相信你就会有答案了。

2. 场景二：阅读传单

人们接传单往往是一瞬间的事，其实看传单也不会超过1秒。一般在街上行走的人分为两大类：一是在悠闲地逛街；二是在赶往目的地的路上。前一种人心态比较放松、愉悦；后一种人就比较疲惫、急躁。搞清楚受众的心理状态，就可以有针对地以最快的方式向他们传达情绪共鸣。

3. 场景三：做出行动

如果有人接过传单，也看过了上面的内容，那么现在就是他行动的时候。通常会是什么情况呢？人们看过传单上的内容，对你的楼盘有了大概的了解，但这显然还不够。这时就要让他们有进一步行动的理由。比如，在传单上印上二维码，或是印一个简单的地图，让客户可以通过扫描二维码知道更多信息；也可以从地图上知道楼盘或是销售中心的位置，如果不远，说不定他还会去看看。

重要的是要让客户通过你的传单做出行动，行动是会产生加成效应的，客户有了第一步行动，就会有第二步、第三步，这样你的销售链条就成功启动了。

七、提炼项目卖点，也能吸睛

不同的楼盘都有着不同的卖点，在正式进行销售之前，对这些卖点进行有效的提炼，是做好营销的重要一步。事实证明，在房地产市场竞争中，提炼出项目的卖点，抓住消费者的深层次需求，是一种应对市场竞争、打造消费者忠诚度的有效手段。

情景再现 1

客户： 你们这个位置的楼房不错。

楼盘销售人员： 您真是好眼光。我们楼盘处于二、三环之间，交通方便，去哪里都方便。

客户： 这里到市一小，大约多长时间？

楼盘销售人员： 您有孩子要上市一小吗？

客户： 呵呵，是的。

楼盘销售人员： 我们这里到市一小只有一站地，步行 15 分钟就可以到。

客户： 嗯，等下我们走走看看时间。

情景分析／SCENARIO ANALYSIS

　　每个客户购房的原因都不一样，家有老人的，希望离医院近些；家有孩子的，希望学校离家不太远。有些时尚人士则追求高品质的生活，可能会对楼盘提出新的要求，比如，园林主题、自然景观等；有些生意人，可能还愿意和从商的人住在一起……

　　凡此种种，不一而足。在向客户推销楼盘之前，销售人员首先要对商品的卖点了解清楚。只有做到胸中有数，才能灵活应对不同需求的客户。

情景再现 2

　　客户：你们这个小区靠近护城河，不错。

　　楼盘销售人员：您的眼光真好。你相中了哪套？

　　客户：1、3、5号楼都行。

　　楼盘销售人员：哦，这几栋楼房都不错，但我觉得，2号楼这边更好。不仅能够看到护城河，夏天开窗户，噪声也小。

　　客户：呵呵，2楼好像靠里边了一点。你能保证1号楼不会遮挡视线吗？我们就是想，开窗就能看到护城河。

　　楼盘销售人员：而且，2号楼要比1号楼便宜……

　　客户：既然来买房子，钱倒不是问题，你倒挺会为我省的（客户微露不满）。

情景分析／SCENARIO ANALYSIS

　　每个楼盘项目，都有自己的卖点，或者户型好，或者楼层不错，或者适合单身人士居住……所有的这些都需要楼盘销售人员提前掌握。可是，了解了这些，并不代表你就能够抓住客户的心，为什么？因为每个客户的需求都不一样。如果和客户对着干，不将客户"气"走才怪。

所谓卖点其实就是客户所想、所要、所购买的产品的核心价值。与卖点对应的客户需求有很多，在客户的需求心理中潜藏的程度也深浅不一。可是，只要掌握了卖点的基本特征、提炼卖点的方法，就可以找到项目的卖点。

1. 了解提炼房地产项目卖点的步骤

一般来说，提炼项目的卖点要经过以下两个基本步骤。

第一步，制定周详的市场调研。

要想对项目的卖点提炼准确，就要对市场进行周详的调研，看看客户需要什么。调研时，不仅要对消费者的实际与潜在需求进行考察，还要对影响其购买决策的关键因素等问题进行调研。同时，还要了解竞争对手卖点的运用和效果……。

第二步，结合调研结果，确立卖点。

一旦调研结果出来，就容易确立卖点和营销策略。当然，最好是根据消费需求、消费关注度、竞争者反应、市场形势等来寻找适宜的市场切入机会。

2. 了解房地产项目卖点提炼思路

房地产项目卖点提炼的思路主要有以下几个。

（1）楼盘硬件

楼盘的硬件价值体现在每个细节中，要从中发现最能够打动客户的那一个，比如，户型、配套、交通、板式住宅、景观、新工艺新材料、楼间距、泳池、户口等。

（2）建筑风格

建筑风格是影响住宅魅力的第一元素，比如，建筑艺术、欧陆风格、法国风格、意大利风格、海派建筑风格、和式筑居、新加坡风格等。

（3）空间价值

每个人都希望在空间里自由打造未来的设想，如果能够让客户感受到一定的空间价值，也是不错的。比如，错层、跃式、复式、空中花园、大露台等。

（4）园林主题

环境是居住空间的重要组成，与住宅一起肩负着"天人合一"的使命。比如，中心花园、主题园林、艺术园林、园林规模、欧陆园林、江南园林、自然园林等。

（5）自然景观

拥有自然景观资源的房子，本身就是一道风景。比如，全海景、一线江景、二线江景、园景、人工湖景、山水景观、河景、自然湖景等。

（6）区位价值

对于不同定位的居所来说，区位的影响各有不同，但都是决定性的。比如，繁华路段、CBD 概念、中心区概念、奥运村概念、商业地段等。

（7）产品类别

人以群分，房以类聚，定位某些特殊类型的产品，可以更加精确地捕捉到特定的目标客户群。比如，小户型物业、产权式酒店、独立别墅、酒店式公寓、经济适用房等。

（8）人以群分

社会是有阶层的，楼盘也是有阶层的，不同买家对住宅品质的要求都不一样。比如，豪宅、白领、单身公寓、工薪阶层、外销、先锋人士、国际化社区等。

（9）功能提升

想为客户创造剩余价值，就要通过功能的提升来实现。比如，健康概念、投资概念、绿色概念、e 概念卖点、环保概念、生态概念等。

（10）产品嫁接

从另外一个领域找寻灵感，可以更好地激发人们对美好生活的向往。比如，教育概念、音乐概念、艺术概念、运动概念、旅游概念等。

（11）楼盘软性

看不见的楼盘软性，是区别优秀地产商与普通地产商的关键所在。比如，服务、文化、物业管理、口碑等。

（12）产品可感受价值

居住者对生活空间的感受是多元化的，在不同时代、不同地域，会有不同的侧重点。比如，品质、成熟社区、身份地位、安全等。

（13）情感

人类最伟大的力量来自情感，可以用它撬起许多比地球更"沉重"的东西。比如，孩子、情缘、亲恩等。

售楼高手都重视与客户的
首次接触

　　楼盘销售，给客户留下好的第一印象特别重要。如果客户对你的第一印象不好，可能就不会再次来你们这里了。因此，一定要重视和客户的第一次接触。当客户进入售楼处时，一定要主动迎上去。同时，要多和客户聊天，了解客户的真实需求……事实证明，只要抓住了和客户的第一次接触，后续工作就会好做很多。

一、Show 出你的专业素养，客户才会信赖你

房地产行业的销售和其他行业一样，都要和人打交道。与人交往很难按一种统一的模式去做，每个人的个性都不一样，处理问题的方式也不一样。对于一个刚踏进地产销售行业的新人来说，首先要提高自己的专业素养。

情景再现 1

按照规定，小郭所在的公司每天都是 8 点半上班，小郭每天都在 6 点半起床。先简单地洗漱一下，然后吃早点，吃完早饭大概就 7 点半了。

这时候，小郭会认真做好上班前的准备工作：认真洗漱一遍，洗脸、做个面膜、化妆；一切就绪之后，小郭穿上自己的工作服出门。

只要一到售楼部，小郭就会立刻进入工作状态，不管遇到什么类型的客户，她都会以最佳的状态出现。

情景分析 / SCENARIO ANALYSIS

不可否认，像小郭这样的精神状态，才是最佳的工作状态。楼盘销售

需要的是热情,如果早上起床晚,洗漱不整洁,穿衣不规范,待客不认真……就会给客户留下不敬业的不良印象。一旦客户对你减少了信任,购买率就会下降很多,优秀的楼盘销售人员一般都是特专业的人。

情景再现 2

李先生和妻子商量好了,下班都来这里看房。他一下班就赶了过来,可是妻子还没来。

李先生站在售楼处的门口,焦急地等待着,因为售楼处也快下班了。工作人员小徐看到了,走上前去,说:"您去里面等吧。"李先生想了想,便转身走了进去。

小徐端来一杯水,李先生抱歉地说:"下班时走得太急,手机忘到办公室了。也不知道,我老婆走到哪儿了。"

小徐拿出自己的手机,说:"您先用我的手机打个电话,确认一下?"李先生说:"这怎么好意思呢?"小徐说:"没事。"说完,便留下手机,走到了一边。

李先生给妻子打了电话,原来是路上堵车了。之后,李先生跟小徐表示了感谢。半个小时后,妻子终于来了。之后,夫妻俩针对这一楼盘提出了一些问题,小徐都做出了满意的回答。

一个星期后,李先生购买了一套130平方米的大房子,全款给付。

情景分析 / SCENARIO ANALYSIS

不可否认,案例中的小徐比较专业。当她发现客户站在门口等候时,不仅没有说"我们下班了",还将客户招呼进了售楼处。而且,当了解到李先生忘了带手机时,还主动拿出自己的手机,让李先生和妻子取得了联系。不可否认,这样的服务就是专业的。

不管做哪一行，都有专业素养的要求。对于楼盘销售人员来说，如果想给客户留下良好的印象，需要将自己的专业素养充分展示出来。当客户觉得你是专业时，就会对你多一份信任。那么，楼盘销售人员应该具备的基本素质都有哪些呢？

1. 外在形象有可信度

研究发现，那些销售业绩优秀的人，外形呆板的男性有 80% 多，而女性外貌普通的则占大多数，那些看着强悍无比的人员业绩却处于末端。

很多人想不通是为什么，其实这种现象是最符合人才学原理的。从心理学角度上说，这是销售人员同客户在智商上的相互较量。稳重朴素的人很容易赢得他人的好感，能让客户在心理上对你解除防备，并且还能很快和客户成为朋友；反之，那些精明靓丽、一看就像是做生意的人，会让客户产生强大的警惕心，所以看起来不容易被人所相信的人，是做不好房地产销售的。

相对于外形普通的人来说，那些外形姣好的女性在社会上总是能得到更多的权利、帮助与自由，在公关上总是给人雷厉风行般的感觉，实际上却局限在这之中。外形好的女性必然是让人欣赏的，但在房地产销售中，却给人不相信的感觉。特别是买房，很多客户投入的都是这一生的积蓄，有时还要由后代承担部分债务。

2. 一定的专业背景和市场知识

房地产产品的特殊性需要具备较深的产品知识与专业知识的销售人才。尤其是在所售楼盘和周边的竞争楼盘同时存在，且两者没有什么较大区别时，知其然又知其所以然的销售人员也就成了能否战胜竞争对手的关键武器。

能让消费者倾其所有购买的大型产品基本就是商品房，因此经常会出现的情况是：一直比较、犹豫不决。客户反复比较了楼盘使用价值，还是拿不定主意，楼盘销售人员就可以根据客户的情况，对楼盘使用价值做出详细的解释，如告诉客户："我们的楼盘不是……结构，而是……结构，具有……特点,这种结构能降低……,能提高……"；"内墙涂料别人是……，而我们采用……，是……环保产品，有……功效"等，争取到客户的认可，销售目标也就容易实现了。

3. 人缘好人气旺

有些人的形象总是被大众喜爱和接受，就是所谓的人缘好、人气旺，这在娱乐圈中最为明显，这是被多数人认可的个人内在素质的外在的综合表现。当然，如果想获得好人缘和人气，楼盘销售人员就要成为亲和力强的人。

4. 成就动机高

心理学研究表明，两个智商差不多的人，在活动中成功的可能性更高的一般是成就动机高者。也就是说，不适合做房地产销售人员的是：知足常乐、安贫乐道、自尊心过强、过于自爱的人。

成功的房地产销售人员，爱与人交流，善于搞好人际关系，具有"与人奋斗其乐无穷"的个性，他们强烈渴望着成功与高薪，愿意承担极易引起争议的工作，能够承受多次的拒绝和失败；成就动机高的人，具有强烈的进取精神和坚忍不拔的毅力，以及面向客户宽容精神与忍耐力；他会认真仔细地把握每一次机会，时刻想到的是最终结果。

5. 对工作有热情

一个成功的房地产销售人员，对工作有着超乎寻常的热情，能迅速进入角色。他们对待所销售的楼盘就像对待初恋的情人一般，有着执着的热情；又像对待自己的孩子，将所有的优点都赋予到他身上，生怕别人不认同。不仅会尽力地了解所销售的楼盘，而且还会坚信自己销售的楼盘是最好的；能够满足客户的基本要求，并带来超值的效果。

6. 创造性思维方式

销售本身是一种创造性极强的活动，房地产销售体现得尤为明显，不同的楼盘有不同的"性格"，面向的对象也是不同的，周边环境更是很难相同，因此没有"放之四海而皆准"的销售方法，想要创造出有针对性的售楼技巧，只有将营销理论与现实楼盘密切结合起来。

要想提高楼盘销售效率，就要善于利用新技巧和新思想，打破传统固有的规矩，不放过任何可能会产生销售效果的机会。创造性思维是在售楼过程中解决问题时，最非常规的和有效的方法，还能让购买者所接受。

7. 不是朝三暮四的"聪明人"

工作高效的楼盘销售人员是最会处理人际关系的乐观人士。他们常常在拒绝、冷落、挖苦、羞辱与失败的氛围中强化自己的内心，每一次挫折都可能导致情绪的低落，能够忍受这种结果的人，必然是乐观向上又能坚持不懈的，不达目的不罢休、能靠大量销售结果获得收益的"固执"的人，而不是经常换来换去，想法不切实际就想获得收益的"聪明人"。

二、主动和客户打招呼，才便于沟通

想象一下，如果你去商场买东西，可是售货员却各忙各的，将你晾在一边，结果会是怎样？主动和客户打招呼，客户会觉得服务好，留下好的第一印象。即使在买卖的过程中出现点小不愉快，客户也会积极配合处理。

情景再现 1

　　一天，一个长相白净的客户走进了售楼部，他没有找楼盘销售人员，而是直接冲着沙盘模型而去。新来的楼盘销售人员小王站起身，招呼这位客户说："先生，您好。"客户像没听见似的，一直仔细看沙盘，看得似乎很认真。小王以为他没听见，又说："先生，您好，您是第一次来看楼吗？"

　　客户依然继续看沙盘，小王看出客户是故意不理他，有些生气，但是还是微笑着又问了客户一次："先生，您需要了解什么吗？我来帮您做一下介绍吧？"

　　客户仍然不理会，小王生气了，直接走开。同事劝他不要生气，继续去接待客户，但是小王却没有去。

情景分析 / SCENARIO ANALYSIS

　　接待是楼盘销售过程中最为重要的环节，必须引起房地产销售人员的重视。前期所有的工作都是为了让客户上门而做的准备，客户上门后，一定要认真对待接待工作，才能更好地留住客户。本案例中，楼盘销售人员小王在接待客户时，明显经验不足，自己先败下阵来。面对这样的客户，如果你一生气，就说明你已经输了。

　　售楼的过程很像打仗，要学会应对各种复杂的情况。无论面对多么刁蛮的客户，都不能生气，不能放弃，要想办法巧妙应对。

情景再现 2

　　看到有个客户一直在看沙盘，销售经理走到客户身边。他在客户身边站了好一会儿，然后拿出一张名片伸到客户面前："先生，您看楼很专心，应该是个行家。不好意思，打断一下，这是我的名片。"

情景再现 2

客户看了销售经理一眼，接过了名片，看了一眼放进了口袋里，继续看沙盘。销售经理又说："先生，我就不打扰了，您继续看，看完了有什么问题，招呼我一声。"

销售经理走到了一边，一边做事，一边观察客户。后来，这名客户主动向销售经理招手。销售经理走到他身边，客户很友好地向销售经理提了很多问题，两人详谈甚欢，最后客户高高兴兴地走了。一周后，这个客户下了单子。

情景分析 / SCENARIO ANALYSIS

从这个案例中可以看出，这位客户具有很强的戒备心理，不太信任楼盘销售人员，自命清高，不会让楼盘销售人员看透他在想什么。

售楼经理经验比较丰富，知道客户一时半会不会理睬，就把客户留在沙盘边，自己先行离开，这是在与客户斗智。如果售楼经理长时间站在客户身边，问要不要讲解，只会自讨没趣。因此，在楼盘销售过程中，掌握一定的打招呼策略是很有必要的。

SCENARIO ANALYSIS
技／巧／展／示

∨

不论在什么地方，只要见到了客户，都应该面带微笑，点头示好。为了提高营销量，要学会主动和客户打招呼。

1. 不要公式化地对待客户

为客户服务时，你的谈话态度千万不要敷衍了事，这样客户会觉得你不想面对他们，对他们没礼貌，继而心生不满。这时，对于不同的客户，就要采用不同的方法。

（1）一边说话，一边看着对方

不管你用多么恭敬礼貌的态度说话，如果只是自己不停地说、忽略了客户，会让客户感到非常不开心。所以，说话时，要面向对方，看着对方的眼睛。不看着对方说话，会令对方产生不安；如果一直瞪着对方，对方会觉得有压迫感，所以要以柔和的眼光望着客户，并真诚地回答对方的问题。

（2）让自己的脸上常常带着微笑

别人对着你说话或者你向人说话时，如果你总是面无表情，很容易造成误会。和客户沟通时，时常面带微笑，不仅是你的客户或者是周围的人，还包括你自己也会觉得非常快乐的。但是，如果将微笑运用得不合理，或者与谈话内容没关系，就会让对方感到无所适从。

（3）与对方用心沟通

在与客户交谈时，要用心聆听客户说话，了解客户的需求。若你长时间地在表达，不仅会感到很累，还会令听的人更觉疲惫，因此，在与客户交谈时，适量的互相交流很有必要。

（4）说话要随时改变

根据具体的内容，要不时地改变说话速度、声调和高低。如果语调平平，是没什么意思的。因此，要多注意自己说话时的语调、内容，并逐步去改善。

2. 主动抓住客户的心

客户不是你的"摇钱树"，而是你的好朋友，他将会带给你一个聚宝盆。因此，一定要想办法抓住客户的心，具体来说，可以使用以下一些方法：

每天早上，都应该准备结交多些朋友。

不能向客户一致推荐，应该了解他们想要什么。

卖一套房给客户，和替客户买一套房是有很大分别的。

相对于被推销，客户更喜欢自己选购。

集中注意力了解客户所需，帮助他们选购最佳住宅，务必让他们能够满意而归。

客户不是只想买一处物业，而是希望买到一份安全感和满足感、一个好的投资和一份自豪的拥有权。

最高的推销境界是帮助客户拥有轻松舒适的生活，这可能短时间内不会有更多收益，但你会十分喜欢这种感受，等你习惯这种感觉后，你就会获得更丰富的收益回报。

3. 眼脑并用

（1）眼观四路，用脑一方

这是销售人员与客户沟通时要求达到的境界。密切关注客户各种身体信息带来的情况，留意对方的思考方式，并准确做出判断，顺利地进行销售。

客户在最终敲定之前，经常会找借口敷衍，这时就要通过细致观察来判断真假与否。不要相信客户推脱的话语，要抓住他们的心理反应，抓住客户的眼神，并用"心"去听。

（2）留意人类的思考方式

人类的思考方式是通过眼睛感受而反映到脑部的思维，因此我们可利用这一点加强客户的视觉反应，增强他们的感觉，加深印象。这样，即使客户做出了理性的分析，但依然会愿意购买感官强的东西。

（3）口头语信号的传递

当客户有了购买意愿后，通常会发出如下的口头语信号：客户的问题转向有关商品的细节，如费用、价格、付款方式等；详细了解售后服务；询问优惠程度；向推销员打探交楼时间及可否提前；反向提问之前推销员的各种介绍；对商品提出某些异议。对于这些信号，一定要多留意；一旦发现，就要立刻促成成交。

（4）表情语信号

比如，客户的面部表情从冷漠、怀疑、深沉变为自然、随和、亲切；眼睛转动由慢变快、眼神发亮而有神采，从若有所思转向明朗轻松；嘴唇开始抿紧，看起来像是在品味或权衡。

（5）姿态语信号

比如，客户姿态由前倾转为后仰，身体和语言都显得轻松；出现放松姿态，身体后仰，擦脸拢发，或者做其他放松舒展等动作；拿起订购书之类细看；开始仔细观察商品；转身靠近推销员，掏出香烟表示友好，进入闲聊；突然用手轻声敲桌子或身体某部分，以帮助自己集中思路，最后定夺。

（6）引发购买动机

每个客户都有潜在的购买动机，他们可能自己都不会注意，销售人员的责任就是仔细发现这种动机，不要被客户外形打扮所蒙混。切忌，千万不要认为客户无心买楼而采取冷漠或对立的态度，不要等客户询问，要主动打招呼。

三、在闲聊中也可以掌握客户的信息

很多时候，营销的成功都是通过闲聊来实现的。不要小看了聊天的魅力，因为客户的需要一般都可以通过聊天得到展现，面对客户时，如果单刀直入地为其介绍商品，很可能会引起客户的反感。可是，如果能够找些话题和客户聊一会，也许在不经意间就可以知道客户的真正需求。

情景再现 1

一天，一位客户走进了售楼部，小马立刻迎了上去："先生，您要看房吗？"客户说："嗯，我家小孩马上就要上小学了，想在这附近买套房子，孩子上学方便。"

小马：您的孩子几岁了？

客户：5 岁。

小马：是，马上就升小学了。

客户：我们平时工作忙，也顾不上接送孩子，老人帮着带，所以要离学校近点儿。

小马：先生，我们这里有个 2 楼层的，既方便孩子，又方便老人。你觉得呢？

客户：是啊。这个楼层好。光想着孩子了，还有老人。楼层低点更合适。

之后，小马便给客户介绍了几个楼层低的房子。一个星期后，客户便下了订单。

　　不可否认，案例中的楼盘销售人员小马很细心，当他发现客户是老人帮忙照顾孩子时，于是便建议客户买个楼层稍微低一点的，方便老人。想象一下，孩子上学，一天来回好几趟，如果楼层太高，老人上下楼肯定不方便。而小马正好抓住了客户的这一需求，最终促成了订单。

情景再现 2

　　售楼人员正和客户聊着楼房的事情，客户对于买什么房举棋不定。

　　客户： "我主要想买个大点的，选择最大的房间做书房。我们家人都喜欢看书，书房最好大一点。"

　　售楼人员： "我这里有个房子，四楼，三居，两大一小。两个大的，光线都特别好。我带您去看看。"

　　客户： "行。"

　　看房中……

　　售楼人员： "您看，这个房子正好在小区的里面，挺安静，不吵。"

　　客户： "嗯，是不错。小区的活动中心，离这儿远吗？"

　　售楼人员： "这栋楼是最里边，活动场地在中间呢，吵不到你们的。"

　　客户仔细看了这个房子，朝向、阳光、面积、环境确实不错。于是，便给老婆打电话。

　　老婆看完之后，没有意见，下午便交了钱。

　　案例中，当售楼人员了解到客户的需求后，便给其推荐了最里面的房子，阳光充足、面积够大、环境安静……这样的环境非常适合读书。如果给用户推荐靠近临街的户型，或者中间户型，客户可能不满意。由此可见，了解客户的需求是多么得重要。因此，一定要认真对待客户的聊天。

SCENARIO ANALYSIS
技／巧／展／示

V

与客户沟通之前要尽量地收集相关的信息，例如，你的客户的需求和选择都是什么？根据这些信息，可以事先设计一个对话。那么，如何在闲聊中掌握客户的信息呢？

1. 积极乐观地看待世界

一个销售人员，每天都要承受来自公司、客户、家庭这三方的压力；一个销售人员，每天几乎都是单枪匹马，承受着成功与失败的喜怒哀乐；一个销售人员，每天都要将客户的要求做到最好，而自己的各种见解，是不可能全部直接地表达出来……因此，很多销售人员都会感到情绪低落，导致工作效率低。但在和客户沟通时，要避免这些问题，不能将不好的情绪流露丝毫。

2. 配合客户说话的节奏

每个客户的说话习惯不一样，配合客户的说话节奏才是最佳方法。当然，事前了解客户的性格最为重要，要多注意观察和勤于思考。

3. 多称呼客户的姓名

交谈中，要记着客户的名字，不要出错。尤其是第一次见面的客户。谁都喜欢别人能记住自己的名字，这样可以了解在别人心目中自己有多重要。

4. 语言简练

如果在交谈中，说话拖沓、表达不清自己的意思，会导致无法继续交谈。所以，交谈中要注意措辞，要用简洁的语言表现出自己想说的意思，如此才便于客户理解。

5. 时常微笑

轻松的商谈气氛是很重要的，尤其是多微笑。幽默化的表达会打破沉默，减少相互间的尴尬或冲突。有争论时，不要立即反驳客户的观点，应该先说"您的建议很好，但可不可以考虑一下我的意见"，然后委婉地表达出自己的看法，这样既尊重了对方的建议，又陈述了自己的看法。

6. 产生共鸣感

交谈时，如果能让对方认同自己的看法，是一件很高兴的事情。双方有了认同感，就会愉快地继续话题。反之，有一方不被看好，交谈就会变得无聊，难以再继续下去。

在交谈中，时不时地认同客户并为对方着想，可以增进彼此的感情，对工作也有较大的帮助，因此要用心找出客户所关心和感兴趣的地方。

7. 不要打断客户说话

在交谈时，不要在对方还没有说完一句话时就去打断他，这很没有礼貌，会让对方感觉你不尊重他。想要减少误会，就在听完对方的话后再作出回答。

8. 勿滥用专业术语

多用生动具体的形象化描述来向客户介绍，在用到专业术语或做抽象介绍时，可用一些简单的同义转换来表达，如谈及绿地面积有10 000平方米时，可以告诉客户绿地面积相当于多少个篮球场的大小等。

四、从客户感兴趣的话题入手吸引注意力

只有能引起客户兴趣的话题才可以让整个销售沟通充满生机。通常，客户不会马上就对你的产品或企业产生兴趣，因此要在最短的时间内找到客户感兴趣的话题，然后再伺机引出自己的销售目的。比如，可以首先从客户的工作、孩子和家庭等谈起，活跃沟通气氛、增加客户对你的好感。

情景再现 **1**

销售人员小马在一次房屋展销会上结识了一位潜在客户。通过对潜在客户言行举止的观察，小马认为，这位客户对复式住宅十分感兴趣。

小马立刻便将公司的产品手册交到客户手中，可是这位潜在客户一直没给小马任何回复，小马试着打电话联系，客户都说自己工作很忙。

后来，又经过多方打听，小马得知这位客户酷爱射击。于是，便上网查找了大量有关射击的资料。再一次打电话时，小马没有提楼房的事情，只是告诉客户自己"无意中发现了一家设施特别齐全、环境十分优美的射击场"。

一个星期后，小马顺利地在那家射击场见到了客户。小马对射击知识的了解让那位客户迅速对其刮目相看，大叹自己"找到了知音"。在返回市里的路上，客户主动表示自己想买一个复式房子，小马告诉客户："我们公司正好刚刚开盘，其中就有复式房子……"一场有着良好开端的销售沟通就这样形成了。

情景分析 / SCENARIO ANALYSIS

根据同理心原理，客户一般都喜欢和自己有着相同兴趣爱好的销售人员交往，因此如果想引导对方来购买你的房子，就要从客户感兴趣的话题入手。本案例中，在与客户进行销售沟通之前，销售人员花费了一定的时间和精力对客户的特殊喜好和品位等进行研究，因此在沟通过程中才能有的放矢。

情景再现 2

看房中……

客户： 前面是公园吗？

楼房销售人员： 是的。每天早上，这里都有很多人锻炼身体。

客户： 挺好，这样早上锻炼身体就有去处了。

楼房销售人员： 您喜欢锻炼身体？

客户： 是的。每天早上都要出去跑一个小时，小区不宽敞，就沿着公路跑。

楼房销售人员： 我们这个小区，就是临近公园，锻炼方便。

客户： 我喜欢，呵呵。

很快，客户便下了单。

情景分析 / SCENARIO ANALYSIS

当销售人员发现客户喜欢锻炼身体时，便突出了公园的妙用，客户果然中招。由此可见，从客户感兴趣的话题入手是多么重要。

SCENARIO ANALYSIS
技／巧／展／示

∨

客户一般情况下不会马上对你的产品产生兴趣，因此销售人员要在最短的时间内找到客户感兴趣的话题，然后再伺机引出自己的销售目的。

1. 寻找话题引起客户的兴趣

通常情况下，销售人员可以说一些引起客户兴趣的话题：
多谈些他们的爱好，比如，体育运动、娱乐休闲方式等。

在谈论客户的工作时，可以说些客户在工作上曾经取得的成就或未来的发展前景等。

谈论时事新闻时，可以把早上看过的报纸上的重要新闻好好沟通一下。

询问客户的孩子或父母的信息，如孩子个人的学习情况、父母的身体状况等。

谈论时下大众比较关心的焦点问题，可以是房地产是否涨价、如何节约能源等。

可以和客户一起怀念过往，比如，提起对方的故乡或者值得回忆的有纪念性的事情等。

可以谈论客户的身体，适时提醒客户注意自己和家人身体的保养等。

2. 对这种话题同样感兴趣

沟通最重要的就是互动，否则会很难达成具体的销售目标。如果只有客户一方对某种话题感兴趣，而你却提不起什么兴趣，或者内心不喜欢却还要装出很棒的感觉，客户的谈话热情和积极性马上就会被浇一盆冷水，是不会产生良好的沟通结果的。

所以，销售人员应该在平时多培养一些兴趣爱好，丰富自己各方面的知识，尤其是一些比较能迎合大众的口味，比如，体育运动和一些积极的娱乐方式等。这样，在和客户沟通时就不会无从入手，客户也不会觉得这个很没趣。

3. 在第一时间表示对客户需求的关心

当你关心客户烦恼的问题时，客户也会对你产生好感，进而拉近彼此间的心理距离。因此，如果想给客户留下好印象，就要将客户的个人爱好提前研究出来，找出他们感兴趣的地方，然后委婉、有意识地引到销售沟通的主题上来。在平时应多培养一下个人爱好，也可以根据客户的喜好临时学习某些知识，不要没有任何准备就上场。

五、对待"随便看看"的客户不能随便

客户用什么样的态度、语言来对待我们是我们所不能控制的，但是我们可以掌握自己的态度、语言。销售过程中遇到问题不能回避，要积极地解决问题。作为楼盘销售人员，要主动地、有意识地引导客户并将销售过程向前推进，从而影响客户购买的可能性。

情景再现 1

> **楼盘销售人员**：您好，请问您是？
> **客户**：我随便看看。
> **楼盘销售人员**：好的，那您随便看吧。有需要帮助的话叫我。
> **客户**：嗯。
> **楼盘销售人员**：那您就看吧（脸上懒懒的表情，外加一个白眼）。

情景分析 / SCENARIO ANALYSIS

在一些售楼中心经常会遇到这样的客户，销售人员笑容可掬地迎接客户进门，并问他："您好，打算买什么户型的房？"对方却冷冷地回应一句："随便看看。"这时候，如果说"好的，那您随便看吧"，就有点消极了。客户感觉不到你的热情，可能看一圈就走了。

"您先看看，需要帮助的话叫我。"这种说法依然是在暗示客户：随便看看，没看到合适的就算了。

"那您就看吧。"说这句话时，如果把反感挂在脸上，客户会气呼呼地抬腿就走。

以消极的方式应对客户，要想再次主动地接近他，与他进行深度沟通就非常困难了。所以，虽然我们无法控制客户对待你的态度和语言，但可以掌握自己的态度、语言。

情景再现 2

> **楼盘销售人员：** 您好，请问您是?
>
> **客户：** 我随便看看。
>
> **楼盘销售人员：** 您先看看，然后我给您介绍。
>
> **客户：** 嗯。
>
> **楼盘销售人员：** 请问，您相中了哪套房子?
>
> **客户：** 中间的这套还行。
>
> **楼盘销售人员：** 您可真有眼光，这是这个楼盘里最好的一套。
>
> **客户：** 怎么个好法?
>
> **楼盘销售人员：** ……

情景分析 / SCENARIO ANALYSIS

销售过程中，遇到问题不能回避，而是要积极地解决问题。作为楼房销售人员，要主动地、有意识地去引导客户并将销售过程向前推进，提高客户购买的可能性。

SCENARIO ANALYSIS

技/巧/展/示

∨

任何人在进入陌生环境后都会有一定的防备，都不愿意主动去回答问题，也不愿多说，因为他们怕自己说多了，会让对方抓住把柄，从而落入楼盘销售人员设计的陷阱。所以，大多数客户进入售楼部后都很少说话，以此来保护自己。那么，该如何应对这种"随便看看"的客户呢?

1. 不要急着开口询问

大多数客户都不会在一进售楼处时，就开口询问。在售楼部，销售人员每时每刻都在推销。当客户说"随便看看"时,千万不要用提问性的方式与客户打招呼,如果用"您好,买楼房吗?""请问,需要我服务吗?"等这种方式来表达,会让客户产生一种必须回答问题的压力,而应该通过对客户的心理分析来进行交流。

客户并不喜欢一进店就开始说话,所以如果他一进门,你就急着上前问话,他肯定会以"随便看看"的方式来敷衍你。如果客户一直带着这样的情绪,那你们之间的买卖就很难达成了。

2. 不要急忙上前

有些楼盘销售人员只要看到客户一进店,就会上前迎接,或者一直跟在客户身后,这两种情形态度虽然很热情,但是这种方法还是有待认证的。因为大多客户都不喜欢这种一直被人跟着的感觉,这会让他们产生压迫感。所以,一定要记住,必须在客户对某些商品有兴趣时接近,而不是客户一进门,还没有进行选择的时候。

3. 进行积极地引导

如果客户已经进入售楼处一段时间了,但依然说"随便看看",这时候就可以做一些积极性的回答,但一定要有导向型,朝着有利于活跃气氛并促使客户成交的方向努力。具体方法是:顺着客户的想法来引导,用轻松的语气缓解他们的心理;然后,简单地介绍商品的特点;最后,语气一转,再以提问的方式引导客户回答问题。只要客户愿意回答你的问题,就可以深入展开发问了,这样才能顺利地将销售过程进行下去。

六、别把转介绍的客户"转丢了"

客户转介绍是客户开拓的最主要方法,具有耗时少、成功率高、成本低等优点,是销售人员最好用的优质客户扩展手段。转介绍是世界上最容易的销售方式,如果想提高销售量,必须让你的客户变成宣传人员。

情景再现 1

客户：你们这里卖房子吗？

楼盘销售人员：嗯。

客户：我的一个客户说，你们这里的房子格局不错。

楼盘销售人员：是的。

客户：我也想看看。

楼盘销售人员：好，您想买多大面积的？

……

情景分析／SCENARIO ANALYSIS

不可否认，很多人买房都是通过别人介绍来的。当听到别人说"××房子不错"时，自己也动了买房的念头，这就是典型的转介绍。

客户转介绍也称连锁介绍法，介绍内容一般为提供名单及简单情况或引见。介绍方法有口头介绍、电话介绍、名片介绍等。很多的销售人员仅靠这个方法，就拥有了众多的客户：每个客户转介绍两个，两个变四个，四个变八个……当重复 12 次后，你将拥有 8 400 个客户。

情景再现 2

客户：在我的介绍下，好几个同学都买了你们的房子。

楼盘销售人员：是的，真是太谢谢您了。

客户：我还想买一套小点的，给老人。

楼盘销售人员：因为您给我介绍来很多客户，如果您再买，我们可以让您享受 VIP 待遇。

客户：具体是什么？

楼盘销售人员：给您打 8.5 折。

客户算了一下，1 万元每平方米，80 平方米的房子，可以省下 12 万元呢。客户看到这项福利不错，推荐房子的积极性更高了。

　　转介绍是销售中省力、有效、快速建立客户信任的好方法，也是"一生二，二变四……"连锁开发客户的方法之一。因此，当客户给你转介绍了之后，不要忘记给客户一定的"报答"，这样对方转介绍的积极性才会被调动起来。

SCENARIO ANALYSIS
技／巧／展／示
∨

　　转介绍是一个非常有效的方法，具有较低的开发成本和不低的效率，还能在最短的时间里建立信任，进行很好的沟通，但是有两个关键环节：第一是客户愿意给你转介绍；第二是转介绍如何做更有效的方法。而且，没有前者就不会有后者。具体来说，要掌握以下"转介绍"的技巧与方法。

1. 抓住转介绍的时机

　　什么时候适合让客户转介绍呢？一是在成交之后，客户还处于满意状态下可以当面请求对方转介绍；二是在与客户建立信任关系后，适时当面请求客户转介绍。不管是不是成功的客户，都适用于此类情况。

2. 对象合适的选择

　　什么人会为你介绍，他会为你介绍什么样的客户？想了解这些，在销售过程中，就要进行调查、分析和识别，而不是快结束了再提出此类要求。在销售过程中，要仔细辨别客户有什么样的朋友圈、有什么样的人际关系。

3. 告诉客户转介绍的标准

　　告诉客户适合转介绍的客户标准是什么？最好让现场的客户给你一个合适的名单和范围，或者直接让客户推荐。如果判断某个客户可能对转介绍有帮助，就要事先明确。

4. 掌握转介绍的方式

最好的办法是，亲自让客户引荐给你。如果不方便，可以请客户当场给他想转介绍的人打电话，给你引见。这样，就可以在现场和这个客户打招呼并提出合适的时间相约交谈了。

比如：张总，我们已经接触这么长时间了，相处的也可以，您也对我有很大的帮助，我很感谢您。您这个人非常好，您的朋友肯定也错不了。您看，可以给我推荐两三个朋友认识一下吗？

基本的方法是，请客户提供转介绍客户的联系方式，之后再找时间和客户相约见面的事宜。这种情况下，要向客户了解转介绍客户的基本背景与情况，让自己心中有充足的准备。

5. 回馈介绍人

在与转介绍客户成交之后一定要告之原转介绍人，不要忘了回馈介绍人。即使最后没有成功，也要告之和感谢之前的转介绍人。

七、客户不愿说出自己的姓名和电话号码怎么办

仅销售而不跟踪客户，最终也会是一场空。而要想对客户进行有效的跟踪，前提是要设法留下客户的电话号码。可是，很多客户根本就不愿意说出自己的姓名和电话号码，怎么办？这时候，就要想一些有效的办法了。

情景再现 1

楼盘销售人员手里拿着记事便签，追着客户说："先生，您留个电话号码吧，一有优惠活动，我肯定第一时间通知您。"

客户一边往店门口走，一边说："不用你打电话通知我，我先回去考虑一下，等考虑好了，我会直接过来的。"

楼盘销售人员最终没能留下客户的电话号码，只能垂头丧气地回到售楼处。

情景分析 / SCENARIO ANALYSIS

通常，对于个人的姓名和电话，人们都是不愿意说出来的，因为这涉及个人隐私了。尤其是电话，更是不愿意让外人知道。可是，如果想与客户取得长期的联系，不知道对方的联系方式是不行的，这时候就要想一些办法了。如果看到客户不愿意给而主动放弃，很容易丢失掉一个客户。时间长了，你的客户就会越来越少。

情景再现 2

楼盘销售人员： 您先做下登记，有了合适的房源，我会通知您。

客户： 不用了，抽时间，我再来看。

楼盘销售人员： 有了我就打电话给您，您就不用来回跑了。

客户： 没事，反正买房都要四处看。

楼盘销售人员： 您放心，我是不会随便给您打电话的。

客户： 等等看吧。

情景分析 / SCENARIO ANALYSIS

客户离开售楼处后，销售人员能跟他保持联系的唯一途径就只有电话，可是很多客户都不太愿意留下自己的手机号码。这时候，就要积极想办法了。当然，要想找到切实可行的办法，首先就要了解客户为何不愿意留下个人姓名和联系方式。

概括起来，不外乎有这样几个原因：被保险公司、电信公司等骚扰怕了，担心自己的生活受到影响；电话号码也是个人信息的一部分，担心被泄露给其他人，给自己的工作生活带来不便；怕在不方便的时候接到电话，比如，开会、休息或其他不方便的时间段接到电话；不是真的意向客户，只是过来看看，而不是真正有购买意向的潜在客户。

顾客不愿意留电话的原因有很多种，一定要多了解。之后，再消除客户的顾虑，让客户主动将个人联系方式留给你。

事实证明，只有留下客户的电话，才方便日后的联系。可是，遇到不愿意留下姓名和联系方式的客户该怎么办呢？这里，就教给大家几个方法：

1. 在刚坐下洽谈时就索要

从生理上来看，占人体比重比较大的部位就是臀部，大多数人都有一种惰性，一旦坐下，没什么要紧事就不想再站起来。所以，刚一坐下，销售人员就应该让客户填写电话号码记录本。

在记录本上，一定要有大量的之前客户留下的号码，客户看到别人留下的电话号码后，会给客户两个心理暗示：一是前面的客户都留下电话号码了，我留下也没什么问题；一坐下来就要填写电话号码，给客户的感觉是，如果不填写电话号码，就不能进行接下来的谈话，为了多了解楼盘的情况，他们通常都会留下自己的电话号码。

2. 在客户做出承诺时索要

为了想知道一些优惠信息时，客户通常都会向销售代表说出自己的购买意愿，这时你可以表达一下自己的疑问，比如："您今天就能定下来了吗？"客户为了证明自己说话的真实性，一定会如实回答。此时，就可以直接说："既然这么肯定，那您可以先留个电话号码，我确认一下它的真实性，看看您是不是在敷衍我。"事实证明，这种激将法是很有用的。

3. 在客户询问优惠活动时索要

当客户询问有没有价格优惠政策时，你可以说：现在还没有很多的折扣，差不多过一阵可能会有的。一有优惠，我一定会马上通知您，您可以将电话留给我吗？这时候，客户通常都会主动留下。

4. 在套近乎时索要

和客户聊日常时，如果发现两人是同乡，或者是志同道合的人，就可以直接对客户说："原来我们是老乡呀，太有缘了，留个电话吧，以后可以多联系。"然后，拿出自己的手机，作出准备拨电话的动作，让客户告诉你他的电话号码。

如果发现有共同爱好，比如，都是喜欢摄影的人，就可以马上说："哇，没想到我们都喜欢摄影呀，我还是摄影协会的会员，经常拍人物，而且还有户外拍摄活动，留个电话吧，下次有什么活动，我可以让您来参加，很有意思的。"拿出自己的手机，作出要输入电话号码的动作，就能名正言顺地要到客户的电话号码了。

5. 谈价格优惠时索要

价格谈判到一定程度时，如果客户要求销售人员去找经理申请一下，这时就可以对客户说："先生，您如果想让我找经理申请折扣，您必须提供真实的电话号码，我就去找经理，他的助理会发一条短信到您手机让您进行确认的。如果没有您确认的信息，经理是不会审批的。"这时候，客户只能提供真实的电话号码，销售人员就可以立刻当着客户的面把手机号码输入到自己手机，拨通确认一下。

6. 再次交换名片时索要

在客户刚进店时，一般情况销售人员都会把名片递给客户，但是在展厅内走动的过程中，客户很可能会把你的名片弄丢了。不过，不管他弄没弄丢，在客户坐下时忘记了索要电话号码，都可以再次将名片递给客户。

如果客户已经有了销售人员的名片，他就会说已经收到，不用了。这时应该立马说："可是我还没有您的电话号码呢，可以留一个吗？"在销售人员主动递交名片给客户时，就算客户拒绝了接受名片，也会产生一种得到东西没有回报的心理压力，从而可能响应销售人员的要求而告诉自己的电话号码。

7. 告诉客户有中奖机会时索要

给客户介绍完楼盘后，可以向客户说：店面现在在举办抽奖活动，只要在小票上填写真实的电话号码和姓名，就可以放进抽奖箱去抽奖。之后，拿出小票让客户填写。客户一边填写，销售人员就可以一边拨打客户的电话再次确认电话号码是否真实。客户为了获得这个抽奖机会，一般就会提供真实的个人电话号码。

8. 领取礼品时索要

有时候，为了提高销售量，有些售楼处会举办一些进店有奖的活动，客户领取礼品时可以要求他先填写一份客户信息登记表，填写完之后再把礼品发放给他，这样就可以得到客户的电话号码了。

9. 送客离店时直接索要

如果忘了使用前面提到的 8 种方法，客户起身要离开店面，虽然时间有些晚了，但千万不要放弃，可以拿着记录本追着客户说："您留下联系方式吧，如果有什么优惠打折活动，我们可以在第一时间通知到您。您放心，绝对不会在休息时间打扰您……"

一边送客户离开，一边说着这段真诚的话语；不仅要送到展厅门口，还要送到公司门口的保安亭，直到送到马路边上。客户这时应该会心软，最后会把电话号码给你留下来。

了解客户需求积极作出决策

在和客户沟通的过程中，客户经常会提出各种各样的问题，比如：嫌房子贵。这时候，就要通过巧妙的提问，找到客户的真正顾虑所在。当然，还会遇到很多不足为意的客户，比如：不愿说出自己的购房动机、对你说的话心不在焉、对房子不满足等。这时候，就要通过不断地引导，多了解客户的需求，之后才能作出有针对性的应对。

一、客户嫌房价贵，怎么办

"现在房价那么贵，我哪里买得起啊？"楼盘销售人员和客户聊天时，客户时不时就会说，现在房价太贵，自己买不起。可是，他们是真的买不起吗？正常情况下，会到售楼处看楼且提出很多问题的客户，排除业内踩盘人员，大部分是意向客户。有意向的客户，肯定是买得起房的人。这时候，就要想办法巧妙应对了。

情景再现 1

> **客户：**现在房子这么贵，等等看。
>
> **楼盘销售人员：**您怎么会买不起呢，这套首付款才三十几万元。
>
> **客户：**现在，手头儿有点紧，再等等。
>
> **楼盘销售人员：**您现在不买，以后更买不起。

情景分析 / SCENARIO ANALYSIS

"您怎么会买不起呢，这套首付款才三十几万元。"这样的回答太空泛，是无法说服客户的。而且，对于一个普通老百姓来说，买房绝对不是一件容易的事，如果销售人员说"才三十几万元"，多半会招致客户的反感。

"您现在不买，以后更买不起。"这句话的意思是，凭客户的能力，以后也未必能买得起房。这样的话，会让听者感到浑身不舒服，很可能会刺激到客户。

情景再现 2

> **客户：**现在的房价那么贵，我哪里买得起啊。
>
> **楼盘销售人员：**是啊，近期的房价一直在涨，新闻都有报道。不过也正是因为这样，您现在不买吃亏更大，说不定您下次再想买的时候，又是另一个更高的价格了。
>
> **客户：**说的是没错，可是现在的房价真的太高了。
>
> **楼盘销售人员：**刚才咱们看的这套90平方米的房子，假如将它做成20年的按揭，首付款只要三十几万元，这对您来说肯定不是什么大问题，您说是吧?

情景分析／SCENARIO ANALYSIS

在回答客户这类问题时，一定要多留意客户话语中的关键词。客户并不是在说你们楼盘的价格，而是针对"现在的房价"。此时，客户只是大致了解了楼盘信息，还没有进入正式的价格谈判，说明客户在意的不是价钱，而是认为现在房地产市场行情不适合买房，客户最为关心的是房地产形势。因此，要和客户多做这方面的沟通，如此才能了解到客户的真正需要，才能给客户留下好印象。

SCENARIO ANALYSIS

技／巧／展／示

∨

很多人在购房时都对房价很关注，谁都想用最低廉的价格买到最好的房子，那么对于那些一心想要压低价格的客户，楼盘销售人员怎么来进行说服呢?

1. 先来说说房产的当前形势

如果客户非常在意房子的价格，首先就要根据当前楼市环境做出引导方向：如果市场形势很好，可以将房市的大好前景给客户描述一下，激发起他的购买欲望；如果遇上房市低迷，可以举出市场专家的态度和意见，让客户知道未来的房市是有转机的，房产仍然有升值空间。在分析大环境的同时，也不能忘了楼盘自身优势，要将楼盘的未来潜力值告诉客户。

2. 再让客户理解房款可以化整为零

大多数还价的客户面对数目不小的总价额，都会有一个先入为主的整体概念：好大一笔钱。这时，就要让客户知道，采用按揭付款的方式，可以将房款压力分摊到每年、每月甚至每天。通常想要买房的人，是会有一定积蓄的，随着购房政策的改变，大部分人的首付都不成问题，剩下的余款用"价格分摊法"来帮助客户分析。

所谓"价格分摊"，就是将产品的总额平均分到它的使用时间里。房产总额看起来十分庞大，刨去首付，剩下的钱划分成月供、日供，这样得出的数字就会很小，从心理上减轻客户的压力，他就会将注意力从总价上转移。

举个例子：如果一个客户觉得 150 万元买一套房有点贵。你就可以这么回应："确实，现在的房价普遍比过去要高一些，但我给您仔细算算还是很划算的，房子是要长期住的，不说 70 年就按 50 年算，平均下来，每年只需要花 3 万元、每月只需要花 2 500 元、每天只需要花 90 元就可以住上满意的房子。"

二、不知道客户的关注点，怎么办

每个人对外界的注意力都是有限的和有所选择的，客户一般都只会关心和重视他认为重要的方面。比如，对于楼房，不同的客户有着不同的购买理由：有的是因为价格便宜；有的是因为临近学校；有的是因为适合老人居住等。销售员在向客户讲解时，不需要做到面面俱到，应把重点放在客户关注的方面。

情景再现 1

客户： 我不知道该买什么样的?

楼盘销售人员： 您怎么会不知道自己买房重点关注的是哪些因素呢?

客户： 我回去想想看。

楼盘销售人员： 那您现在想啊，是注重周边配套、小区环境，还是户型、面积?

客户： 我得好好想想。

楼盘销售人员： 那您想好了再告诉我吧。

情景分析／SCENARIO ANALYSIS

当客户不知道自己关注什么时，"那您现在想啊，是注重周边配套、小区环境，还是户型、面积?"采用这样的提问方式只会给客户造成压力，容易引起客户的逆反情绪。"那您想好了再告诉我吧。"这样说，表面上很客气，其实多少都带有责怪客户的意味。 如果客户感受到了，很可能就会拂袖而去。

情景再现 2

楼盘销售人员： 赵先生,您买房时更看重哪些因素?

客户： 肯定是房价了，现在房价这么高。

楼盘销售人员： 也对，现在的房价不低，对大家来说都是一个很大的压力。不过，有一套属于自己的房子，对我们中国人来说还是非常重要的，有了房子才有家的感觉，您说是吧。

客户： 嗯，不过现在的房价真是贵得离谱。

楼盘销售人员： 其实，一些小户型的房子总价也不高，像您这样的未婚人士，首次置业一套单身公寓或小两居，不仅可以自己住，还可以当作一种投资，过两年翻一番，就可以换大房子了。如果您觉得总价高，还可以选择按揭，这样您首期支付的压力就不会太大。

客户买房考虑的因素很多，比如：价格、面积、地段、交通、户型、朝向、楼层、采光、小区环境、建筑质量、开发商实力、物业管理等。房子不可能十全十美，而且每位客户的需求也不同，一套房子不可能满足客户的所有需求，但是总有几个方面是他们最为关注的。

客户重点考虑的这些因素，一定要多加注意。因此，楼盘销售人员要通过巧妙的提问，判断出客户买房重点关注的因素有哪些。

SCENARIO ANALYSIS
技／巧／展／示

∨

通过询问客户买房时重点考虑哪些因素，可以有效地收集客户的信息。楼盘销售人员可以从与客户的对话中察觉出客户在买房过程中重点考虑的因素，从而有针对性地进行推荐。

1. 询问引导

有时候，一些客户对自己究竟要买什么样的房子没有清晰的认识，这时就要通过询问来引导，让客户说出他的购房标准。

面对这样的客户，可以先礼貌地询问客户对现居房和周边环境有哪些不满，从中找出客户最在意的居住因素；或者让客户简单说说家里人对买房这件事是怎么想的，大概就可以推测他买房的动机和要求。

接着，再结合楼盘的特点向客户推荐，询问他是否对推荐的房产满意，再根据客户的回答进行重点介绍，例如，重视地段和位置的客户，要将区位交通和市政建设作为重点；比较在意价格的客户，就为他推荐性价比高、经济实惠的房子；比较关注居住环境的客户，则要重点介绍周围的配套设施和小区绿化等。

2. 注意事项

客户在提出要求时，通常都会带有一些理想化的情绪，因此他们会把对物业、环境、设施的要求定得很高，比如：要求周边有大商圈、物业要绝对专业、小区要实现智能化管理等。但实际的居住要求并没有那么高。这就是"择优心理"在作怪，毕竟谁都希望用最优惠的价格买到最超值的东西。

事实证明，客户在购房时考虑的最主要问题不外乎有以下几个：

（1）户型结构

人们的生活水平越来越高，房子能不能住得下已经不是人们考虑的重点，舒适度的地位在逐步提升。很多人在选房时，总要对比户型的解构是否合理、功能分区是否清晰、采光通风是否良好、私密性是否可以保障等。

（2）小区环境

生活质量日益提高，人们对居住环境的要求也一再提高。再好的房子，周围没有适宜的居住环境，也不会让人满意。而且，有良好环境配合的房产，其升值空间也会相对较大。因此，购房者多喜欢带有较好园林景观的小区。

（3）交通是否便利

如今生活节奏越来越快，出行便利成了很多人首要考虑的因素。交通是否便利，是评定一个地段好坏的最基本标准。一般来说，从居住地到目的地最佳时间是 15~30 分钟，大部分居住在城市里的人，都会选择离公司较近的地方买房；对于不得已要住在远离公司的客户，他们关注的重点则在沿途的交通是否便利。

（4）周边配套设施

人们选择在一个地方居住，就希望相关的日常活动在一个相对较小的范围内进行，这样才方便。因此，很多人对住宅周边的配套设施要求很高。如便利店、银行、餐馆、诊所、大型商场等最好一应俱全。其实，这也从侧面反映出楼盘地段的好坏，所以选择好地段，就能成功为楼盘增加很多亮点和价值。

（5）价格是否可以承受

房子的价格一直都是购房者最敏感的因素。房屋买卖能否达成，最终还是由购房者的经济实力决定的。不同收入档次的客户会考虑与自己收入匹配的房子，所以要针对购房者的经济状况为其推荐合适的房子，才能让房屋销售无往不利。

三、客户不愿说出自己的需求怎么办

挖掘客户需求是销售工作的基础，也是非常重要的一个环节。如果这个环节工作不到位，会直接影响客户的成交。可是，如今很多的置业顾问不懂得挖掘客户的需求，业绩不理想。

与客户初次接触时，就会滔滔不绝地介绍楼盘的卖点和优势，是一种错误的做法。在推荐房屋前，楼盘销售人员要先了解客户的需求，通过提问或其他渠道挖掘客户的购房需求，把客户的需求与楼盘的利益结合起来，才能激发客户的购买欲望。

情景再现 1

> **楼盘销售人员：**请问您想买什么户型的房子，大概面积是多少？
>
> **客户：**100多平方米吧。
>
> **楼盘销售人员：**请问您对房子有什么要求？
>
> **客户：**我先随便看看。

情景分析 / SCENARIO ANALYSIS

在这个案例中，"请问您想买什么户型的房子，大概面积是多少？"一个楼盘通常会有多种户型，直接问客户想买什么户型的房子只能有一个非常概括的了解，是无法真正掌握客户需求的，也显得楼盘销售人员不够专业。

"请问您对房子有什么要求？"在没有对你产生信任之前，客户是不会轻易透露出自己的购房需求的。这样提问，只会得到一句"我先随便看看"。

面对这样的客户，楼盘销售人员要主动地去探询和挖掘他们的真实需求和内心想法，这是销售工作的基础，也是非常重要的一个环节。

情景再现 **2**

> **楼盘销售人员:** 赵先生,您这么年轻,还没有结婚吧?
>
> **客户:** 哪里,我家孩子都三岁了。
>
> **楼盘销售人员:** 还真看不出来,那您这次买房是一家三口住啦?
>
> **客户:** 是的。
>
> **楼盘销售人员:** 请问,您现在住在哪里?
>
> **客户:** 就在 × × 小区。
>
> **楼盘销售人员:** "我知道那个小区,您住着觉得怎么样呢?"
>
> **客户:** 那个小区比较旧,而且也得考虑一下孩子上学的问题了。
>
> **楼盘销售人员:** 是,小孩的成长环境非常重要,大人辛辛苦苦就是希望给孩子一个好的学习和成长环境。我们这个楼盘旁边就是市第一小学,很多家长都来我们这儿买房呢。
>
> **楼盘销售人员:** 您打算买哪种户型、多大面积的房子呢?
>
> **客户:** 我和老婆商量过,买个小两居就够了,差不多80平方米左右。
>
> **楼盘销售人员:** 嗯,一家三口,现在孩子还小,住个小两居既温馨又不浪费。您看,这套精致两居怎么样?

情景分析 / SCENARIO ANALYSIS

挖掘客户的需求就如同医生看病一样,也要讲究"望、闻、问、切",要通过观察、聆听、提问等来了解客户的基本情况,如个人资料、家庭情况、工作情况、居住情况等,探询出客户对楼盘的具体需求,如户型面积、小区环境、周边配套设施等。

了解到这些需求之后,在与客户沟通时,就不会忽视客户的感受而一味地推荐与客户需求不吻合的卖点了，这样也容易激发起客户与你沟通的兴趣。

```
┌─────────────────────────────┐
│     SCENARIO ANALYSIS       │
│     技／巧／展／示           │
└─────────────────────────────┘
              V
```

在面对客户时，直接询问："您想要购买什么样的房子？"大多数情况，是无法得到非常明确的回答的，甚至有的客户根本就不愿意告诉你。那么，接下来我们该怎么办呢？这里，给大家介绍以下几种方法：

1. 询问状况

这种方法在日常生活中应用最多。比如，可以问客户"您在哪里上班？""有锻炼身体的习惯吗？""闲暇的时候喜欢去哪些场所？"等，通过这些具体的问题来了解客户当前的生活状况。

这样做的目的，就是要通过询问，掌握客户的真实的生活状况和当前的心理状况。当然，应用状况询问法要结合你销售的房产、设置问题的主题和导向。

2. 询问问题

这种方法在你询问完客户状况之后使用，以此来进一步探求他对于现在状况满意或不满意的原因，也就是通过问题询问法去找客户的潜在需求。

比如，你可以问：

"您现在住在哪一片儿？"

"长途车站附近。"

"是您自己的房子吗？"

"对，十几年前买的，当时是为了方便工作。"

"现在房子怎么样了？有没有不太满意的地方？"

"是不太满意，现在那边人比以前多了不少，周围太吵，没法休息，路上也是车多人多，老人出行不太方便。"

通过这样简单的询问，就将客户潜在的购房重点找了出来，接下来就可以进行下一个步骤了。

3. 询问暗示

带有引导性地提出建议，询问客户意见，就是暗示询问法。

还根据上面的例子，推断客户想要一个更安静的居住环境，就可以这样说："我们这个楼盘正好靠近市植物园，周边绿化覆盖率很高，环境安静、空气又好，老人早晨到公园里跑跑步，也有益身体健康啊。您觉得怎么样？"抓住客户的主要需求提出暗示性的建议，就会增加客户的好感度，也会增加成功率。

4. 把握客户真实需求

通常，客户是不会考虑销售人员的销售业绩的，他们的愿望是满足迫切的需求。因此销售人员不能光为了推销而推销，只有准确把握客户的真实需求，然后再结合自己的产品进行推销，才能提高成功率。

同时，也应该注意，询问的过程要循序渐进，不能急躁，在没搞清楚客户需求时不要贸然提出建议，如此才能降低客户的抵触心理，增加他们的信任，这才是最关键的。

四、客户不肯说出自己的购房动机怎么办

作为一名优秀的房地产销售人员，掌握了客户的购房动机，才能更好地为其进行推介，才能让你更快、更好地将房屋卖出去。可是，很多时候，客户并不乐意说出自己的购房动机，遇到这种情况时，该怎么办呢？

情景再现 1

客户： 我有房子住，这套房子是用来投资的。

楼盘销售人员： 是的，现在很多人都是自己住一套，手里再买一套。这套房子特适合老人居住，买给老人住也不错。

| 情景再现 1 | 客户：我再看看。
楼盘销售人员：楼层也不高，特适合老人。 |

情景分析／SCENARIO ANALYSIS

　　案例中的销售人员凭直觉判断客户的购房动机，太过于主观，在没有事实依据或有力说法支持的前提下，仅凭直觉判断客户的购房动机，很可能会让自己做无用功，甚至让客户对楼盘失去兴趣。客户本来是打算投资的，可是楼盘销售人员却一直向客户推荐老人居住的好处和利益，客户自然不会感兴趣。

| 情景再现 2 | 客户：你们的房子年底能交付使用吗？
楼盘销售人员：您着急入住吗？
客户：嗯，年底我们要结婚。
楼盘销售人员：恭喜恭喜。您放心，我们楼盘在11月底就能交房了。如果装修时间稍微控制一下，你们肯定能在新婚的时候就入住的。
楼盘销售人员：请问，你们想买多大面积的房子？什么类型的？
客户：我们刚结婚，没有多少积蓄，买不起太大的房子。
楼盘销售人员：没关系，年轻人正是奋斗的时期，等事业发展了，以后想要多大的房子都没有问题，您说是吧？
客户：呵呵，你有什么推荐的吗？
楼盘销售人员：请问您的购房预算大概是多少，我好向您推荐最适合的房子。
客户：首付在50万元左右。 |

每个人的具体情况不同，不同客户的购房动机也会有较大的差别，楼盘销售人员要通过挖掘客户的需求来了解他们的购房动机，以便有的放矢地向他们推荐最合适的房子。否则，无论你的解说多么动听，客户也不会动心。

SCENARIO ANALYSIS

技／巧／展／示

∨

不同的客户有着不同的购房动机，有的人是为了小孩读书，有的人是为了结婚，有的人是为了投资，有的人则是为了改善居住条件等。楼盘销售人员在与客户接触的过程中，必须掌握他们的购房动机，才能有针对性地进行推荐。

每个人买房的动机都不太一样，但总体来说，还是能够归纳出以下四大类。

1. 过渡型

一般来说，25~30岁年轻人买房子，主要是完成独立生活的过渡。这些人一般都刚开始工作，购房通常都是有父母在支持，付款方式也多是按揭贷款。他们中间有的是单身，有的是刚结婚或是刚刚有小孩，因此销售人员在推荐时，要选择小户型、交通便利、价格低廉的经济适用房，比如单身公寓、小两居、小三居等。

2. 改善型

进入这一阶段的人经济状况大多比较稳定，或许他们有一套老房子，想要搬到更大、更舒适、周边环境更好的房子里去住。这一类客户对房屋的硬件和软件要求都比较高。

另外，这类人也希望通过购买更好的房子来提升自我优越感。所以，应该有针对地满足他们的物质和精神双重要求，可以给他们推荐像三室两厅这样的大户型，也可以推荐带花园或天台的户型。

3. 投资型

这种类型的客户是将房屋当作投资产品来买的，因此他们注重的是房子的升值空间。所以，销售人员要注重收集更详细的楼盘数据：区域规划、地段价值、物业管理、市场前景等。而且，要从生活角度转向商业角度，突出体现楼盘的商业价值，比如，向客户介绍楼盘周边商圈、出租率、生活配套成熟等。

4. 保值型

和前一类客户相似，房子对于他们来说是商业资产，升值潜力也是他们关注的重点，但不同的是，这一类型的客户是为了获得长期回报，短期利益不是他们最看重的。所以，销售人员在接待这类客户时，不仅要做全面分析，重点放在未来长期发展角度提供合理建议，千万不能急于求成。

其实，以上只是大致的方向分类，具体来讲实际工作中还会遇到很多详细的情况，比如：

父母为孩子买婚房；

小夫妻因生小孩要搬出父母的房子；

子女给父母买养老房；

旧的居住环境已经不能保障生活质量；

工作或学习变动需要买房；

买房为了出租、投资或者保值；

买房给自己退休养老用；

因养老房费太贵而换小房子。

五、客户对销售的介绍心不在焉怎么办

很多时候，在你向客户介绍房屋信息时，客户很可能会显示出一副心不在焉的神情。从销售人员角度来说，总会把这次机会视为难得的一次机会，总希望能够多交流一点。但是从客户角度，他现在已经关闭了沟通的渠道，只是出于礼貌的一种敷衍。销售是双向的沟通，这样的沟通方式，肯定不会出现好的沟通效果。

> **情景再现 1**
>
> **楼盘销售人员**：您想买什么户型的？
>
> **客户**：大三居。
>
> **楼盘销售人员**：这里有，您看一下。
>
> **客户**：好。
>
> **楼盘销售人员**：这个房子向阳，采光特好。
>
> **客户**：嗯。
>
> **楼盘销售人员**：电梯楼，不用爬楼梯，老人和孩子都方便。
>
> **客户**：嗯。
>
> **楼盘销售人员**：您在听我介绍吗？
>
> **客户**：嗯。

情景分析 / SCENARIO ANALYSIS

案例中，面对售楼人员的提问，客户的回答是三个"嗯"。很明显，客户已经有点心不在焉了。面对这样的顾客，犹如对牛弹琴，不管你的楼房再好，也无法提起对方的兴趣。因此，当发现客户心不在焉时，就不要再说了。

> **情景再现 2**
>
> **楼盘销售人员**：您今天就下单吗？
>
> **客户**：……
>
> **楼盘销售人员**：如果付全款还可以打折。
>
> **客户**：……
>
> **楼盘销售人员**：首付也行，我们会帮您联系银行。
>
> **客户**：……

很显然，客户已经感到不耐烦了。销售人员一个劲地劝他下单，只会让对方更加厌烦。这时候，最好的方法就是适可而止。

SCENARIO ANALYSIS
技／巧／展／示
∨

在与客户交流的过程中，优秀的销售人员一般都具备察言观色的本领，如果发现客户明显对你的介绍不感兴趣，或不愿意再沟通下去，就要立刻改换策略。客户走神的几个动作：频繁晃脚、来回跺脚、用手指敲桌子、打哈欠、用手撑头、目光总是看向别处、不断看时间等。

人们注意力会分散，也许是因为没有听到自己想听的，或是沟通方式上不习惯，但也不排除客户有急事要办的可能性。因此，在销售过程中如果发现客户走神了，就要综合判断出原因，之后再对症下药，如此才有可能重新挽回客户的注意力。

1. 综合判断

迅速做出判断后，如果客户确实失去了沟通意愿，就要适时进行询问："× 先生／女士，您是否对我给您介绍的房子满意？"先试探客户的真实态度，如果客户确实是不感兴趣了，就必须立刻调整方向："不好意思× 先生／女士，我可能没有对您的要求理解全面，那么您喜欢什么类型的房屋，可以告诉我吗？"

2. 提出询问

如果经过分析，觉得可能是因为客户有急事，你可以直接提问："× 先生／女士，您是不是有别的事情？您看起来挺着急啊。"客户若是真的有事，就不要强留，将其联系方式留下，再约定时间才是上策。当然，之后要主动联系客户邀约。

六、客户看了很多房子都不满意怎么办

一般说，要将房子卖给想买房子的人。但优秀的楼盘销售人员则会把房子卖给哪些不想买房子的人，不管是可买不可买的客户、对房子不满意的客户、对价格不满的客户、对公司不满的客户、对楼盘销售人员不满的客户，还是由于尚未想清楚暂不想马上购买的客户等，都能有效地成交策略说服客户成交。

情景再现 1

客户：已经转了好几家了，总是感到不满意。

楼盘销售人员：您都看过哪几家了？

客户：周边的楼盘都转过了。

楼盘销售人员：都看过了，那我们的这个肯定也不满意了。

情景分析 / SCENARIO ANALYSIS

通常，不管买什么，客户都会或多或少地感到不满意，也许是对价格，也许是对楼层，如果客户自己说"不满意"，而你也附和对方，对方心中的这种"不满意"就会得到强化，自然就不会购买了。案例中的这个销售人员应对的方法就是不正确的。

情景再现 2

客户：对这个房子，我还是不满意。

楼盘销售人员：问题出在哪里呢？

客户：说不清楚。

楼盘销售人员：您想买什么样子的房子？

客户：格局好一些的。

楼盘销售人员：我们的房子都是主卧大、客厅大……

客户：我也喜欢客厅大。还要敞亮一些。

> **情景再现 2**
>
> **楼盘销售人员:** 低层楼房光线一般都不如高层的,您可以买个高层的,反正都是电梯楼。
>
> **客户:** 安静一点儿最好。
>
> **楼盘销售人员:** 靠近里面的房子一般都安静,高层就更别说了。
>
> ……

情景分析／SCENARIO ANALYSIS

案例中,当发现客户看了很多房子都不满意时,楼房销售人员给其做了分析,根据客户的不满意点,一一作出分析。相信,最后一定能够帮助客户找到心仪的房子。

看房子的时候,客户通常都会说出很多的不满意点,这时候,就要耐心为他们做分析和引导。当你将所有的不满意点都消除时,交易就很容易达成了。

SCENARIO ANALYSIS
技／巧／展／示
∨

很多销售人员都不愿面对"挑剔"的客户,总看不买真是急死人。那么,遇到这种看了很多房子的客户,究竟该如何应对呢?下面我们就来介绍几个说服客户常用的一些小技巧。

1. 买不买无所谓

通常,到售楼中心参观的人,多少都是对房屋有一定关注和意向的,尤其是那些想要买房的人。如果你介绍了很多,却只得到一句"我只是看看"的回应,这说明他对你的介绍没有产生兴趣,这时就要回顾自己先前讲过的话,有哪些地方是没有说到关键点。

你可以提出疑问："真的看看就够了吗？现在市场这么好，房子短期不住也可以长期投资，您真的不想多了解一下吗？"通过客户的回答，就可以推断他之前拒绝你的原因。也可以通过"……您看是不是因为这个原因呢？""您有什么顾虑呢？"等问题，找出你们之间沟通的障碍，并通过接下来的交流排除这个障碍。

2. 不满意房子

当客户向你表达出他对房子不满意时，首先可以确定在他心中有某种需求，但不知道能否通过你的房子得到满足。如果他不满意的地方充分合理，那么就应该用房子的优势项目去弥补；如果他不满意的地方并不存在不合理，则要委婉地否定。

总之，原则上要千方百计地让客户满意，越是能迎合他，销售成功就越接近。比如，客户觉得环境太偏僻，你就要告诉他偏僻的地方清幽、不受打扰；若是嫌太嘈杂，就要告诉他闹市必然嘈杂，但生活设施齐全。

3. 不满意价格

我们这里说的这个价格，指的是每平方米的单价。如果客户对单价不满意，该如何应对呢？

（1）比喻法

当客户对价格表示不满时，可以使用比喻的方法，如："买任何东西都一样，就比如这两支签字笔，从外表看很难看出它们哪个更好，就算全部拆开看里面，还是算不出来它们到底值多少钱，房子也是同样的道理。况且，我们买房子不是为了住吗？价钱低的房子质量上要求就低，我们是为了业主的利益，才用更好的质量的。您也不希望自己的房子外面下大雨，里面下小雨吧？"

（2）利益法

要将长久的价值利益放在第一位，突出房子在其他方面能给客户带来的好处，比如：生活交通便利、节省交通费，户型结构好、省下装修费，配套设施齐全、生活更方便……当客户知道了这些好处时，就会转移对价格的关注和担忧，让价格变成次要的问题。

（3）分解法

要先对整个楼盘进行一个成本的分解，知道哪些方面的投入使得房价跟着拔高，这样就能突出介绍这些方面的优势了。当然，如果经过系统的分析，成本与最后的定价差距确实很大，也要考虑现实，对于这种"物有非值"的房产销售根本没有信心，也不必强求。

（4）声望法。

通常名气较旺的楼盘，购房者一般都不会对房价产生异议，会遇到价格问题的都是那些名气还不够，或者购房者了解不多的楼盘。所以这时候就需要销售人员先做一个必要的宣传，要让客户觉得购买这个楼盘的房子，不仅具有实用价值，还能获得体面的荣誉和地位。

（5）比照法

老百姓买东西总是要"货比三家"，这时候就可以通过和其他竞争对手的价格对比，突出自己楼盘的优势所在。这里要注意的是，要将楼盘需要额外加价的重点放在首要位置。也就是说，要让客户觉得他多花的那部分钱，是物超所值的部分，从根本上是省钱的。只要让客户心中的价格差异逐渐缩小，就成功地将房屋的优势代替了他对价格的注意。

（6）提问法

还可以直接对客户的顾虑进行询问，比如："您认为这个房子多少钱可以接受？""您觉得这套房子价格太高？""您是否和同等价位的其他房子做过比较？"……面对这些比较直接的问题，客户通常都会作出明确回答，这样解决起问题来也会更有针对性。

（7）排除客户价格障碍

为了能卖出去而不断降价的楼盘，自身价值也必然会遭受质疑，其本质上一定存在某种致命弱点。作为购房者，希望用最实惠的价格买到最合适的房子是无可厚非的。楼盘销售人员必须学会准确抓住客户的心理，判断出他们的最大承受能力，千万不能让人觉得你是迫不及待地想要让房子卖出去。尺度的把握最重要，既要灵活又要坚定，否则客户就会对你的能力产生质疑。

4. 不满意公司

无论在任何环节，楼盘销售人员要谨记，你代表的是开发商、代理商、物业公司和贷款银行，出现任何由误会造成的问题，可以采用退守解释的办法，但切记不能选择客户一方贬损开发商一方，你对公司不忠诚，客户也不会对你尊重。

（1）对公司的某个人不满意

当客户对公司的某个人不满意时，可以这样说："确实每个工作人员都代表着公司，但一个人不能代表整个公司。就像如果哪个餐厅的服务员服务不周，那也不能代表这家的饭菜不好吃吧？况且，还有其他态度好的服务员呢。说不定那个服务员也后悔没能为您服务好呢。"

（2）客户对所体验过的质量或服务不满意

对于这一点，你必须要有充分的证据来向客户作出承诺，保证相似的情况不会再发生。要充分体现出你们对问题改正的诚意和信心，可以多次对客户进行回访，询问他们的意见，只要不懈地努力，一定可以挽回客户的信任和支持，特别是那些集团型客户。

（3）情绪上不满意

有些时候，个人好恶和偏见会导致他们对公司充满意见。针对这种客户，要先考虑他的心理和情绪，耐心地解释和沟通，比如开一个小玩笑，"您对房地产商的态度，我能理解。但是就像我小时候不喜欢学数学，就经常不上数学课，结果每次考试都是倒数。不喜欢归不喜欢，可是分数也是确实需要的啊。您需要的不只是一套合适的房子吧？"

（4）怀疑开发商实力

对于这种硬性问题，就要拿事实说话，要让购房者真正看到你们的实力和信誉。销售员要做的就是，参考公司的解决方案，再结合自己的口才，让客户真正体会到你们的实力。

5. 不满意销售人员

这是一种比较特殊的情况，通常很多客户不会明显表示出这一点，销售人员要时刻检查自己的言行，是否符合专业标准？个人的性格弱点和不良习惯是否影响到了工作？

遇到这种问题也不要妄自猜测，要充分利用之前的准备工作对客户进行判断，避免与客户发生激烈的冲突。最主要的还是主动、诚恳地服务客户，让客户感觉到你的诚实和信誉。

七、客户只是随便看看，暂时不考虑买房怎么办

客户既然进了售楼处，通常都是为了看房，或是想了解楼盘的，但是当楼盘销售人员进一步询问其购买需求时，很多客户会用"我只是随便看看，暂时不考虑买房"之类的话来推脱。怎么办？其实，客户在与楼盘销售人员对话时，很多时候都是口是心非的，说出来的话并非是他心里的意思。所以，楼盘销售人员就要揣摩客户的心思，了解客户的真正需求。

情景再现 1

> **楼盘销售人员：**请问，您要买什么样的房子？
>
> **客户：**我随便看看。
>
> **楼盘销售人员：**您不买房来看什么？
>
> **客户：**不买，还不能看？
>
> **楼盘销售人员：**那好，如果您有什么问题，就招呼我一声。

情景分析 / SCENARIO ANALYSIS

在这个案例中，楼盘销售人员的处理方法就存在很大的问题，比如："您不买房来看什么？"这样的回答会让客户非常生气，难道不买房就不能来看吗？"那好，如果您有什么问题，就招呼我一声。"说完，销售人员便离开了。这种应对方式过于被动，最好的方法是，主动寻找突破口接近客户。

情景再现 **2**

> **楼盘销售人员**：请问，您想买什么样的房子？
>
> **客户**：我只是随便看看，暂时不考虑买房。
>
> **楼盘销售人员**：没关系，也许当您真正了解我们楼盘后，会改变主意。以前也有不少客户像您一样，但在了解了我们楼盘后就买了。
>
> **客户**：那你说说你们楼盘好在哪里。
>
> **楼盘销售人员**：……

情景分析／SCENARIO ANALYSIS

客户表示"我只是先看看，暂时不考虑买房"时，其实是客户对楼盘销售人员提出的一种委婉式异议，原因很可能是楼盘销售人员所推荐的优点和利益无法让客户满意。

不同的客户有不同的需要和购买动机，这时候楼盘销售人员就必须拉近与客户的关系，尽快了解客户的需求，明确他的喜好，打动客户，了解客户的真实需求和内心想法。

SCENARIO ANALYSIS
技／巧／展／示
∨

在很多产品销售的过程中，总会遇到怎么也不愿开口回应的客户，这是因为这类客户比较谨慎，不太喜欢与陌生人交流。如果你注意观察，他们进门时往往面无表情，然后习惯在售楼中心了转一圈，找自己感兴趣的东西。在进一步询问客户的购买需求前，要先揣摩客户的心思。当客户说话时，应当精神集中，专心倾听客户意见，并分析其潜在的意图；客户提问时，应当及时回答，并观察客户的反应。

1. 不要对不愿开口的客户这样做

一旦遇到这类顾客，有些地方是需要注意的，比如：

（1）不要过分热情

很多销售人员受不了这种客户带来的气氛，会拼命地向客户介绍楼盘的情况，希望能够带动他们。殊不知，这样会让他们戒备心更强。如果客户闷声不响地走进销售中心，对你热情的招呼不理不睬，不要太过急躁，可以平静地询问他的要求，还可以简单地聊一下天气、穿着等其他问题，拉近彼此的距离，不要一上来就带着强烈的目的性。

（2）不要让他感觉你在极力推销

这一类的客户大多数都会自己浏览楼盘信息，你想要插话就不能带着很浓的推销味道。"买这种户型的人很多。""您想选择多大的？几个人住？""喜欢这套的话，我们有详细的介绍"过快地推销房子，会让人感觉你是在迫不及待地想要把房子卖出去，很容易让客户会对房屋产生抵触心理。

（3）不要对客户失去耐心

慢热是这类客户的最大特点，所以只要有意向就会向你询问具体情况，这时你就要耐心地予以解答，对于他们没问到的地方，要适时地提出问题，以便从他们的回答中获取更多有价值的信息，接下来就可以进一步为客户介绍了。

相反，在客户没有理睬时太热情会让他反感，在他主动询问你之后，你态度反而冷淡的话，就会让客户产生更加抵触的心理，这样他就很有可能转身就走。

2. 要对不愿开口的客户这样做

（1）给客户足够的浏览空间

如果客户进店时表情冷淡，要用适度的热情完成迎宾。对方如果没有明显的回应，不要太快展开销售介绍。当客户在销售中心转悠时，要与客户保持一定的距离，千万不要盯着客户，好像在鼓励他说话一样。

（2）观察客户的动作和关注点

客户在自己浏览的过程中，会在自己感兴趣的地方停留较长的时间，要随时注意他的关注点在什么地方，他重复地在看什么东西。当他长时间地停在一个地方时，销售人员就可以走到 1 米左右的距离上，试探性地介绍房屋的信息和客户关注的卖点，这要求销售人员能够提前推测客户的兴趣点大致在哪。

（3）给出客户专业的建议

如果客户对你的介绍完全没有反感的意思，或是没有主动拉开和你的距离，这就表示他已经接受你了。这时你还是不能太着急，应该就他关注的问题给出合理的建议，并在最后征求客户意见："您觉得这个方案怎么样呢？"当你对客户表示出尊重的态度时，他也会愿意开口回应你的建议。

（4）客户不想交流时，要适时停下话题，微笑就好

这种类型客户和陌生人交流会很谨慎，如果他不想再听你介绍就会说："我想自己先看看。"这时销售人员就要识趣地停止介绍，并保持微笑说："好的，您有什么问题可以随时问我。"然后，继续保持跟在客户身后。

需要注意的是，如果这类型的客户出现在人流低谷期，可以稍微大胆一点，尽量延长他在销售中心的时间，这样才能为销售争取更多有效时间。

看楼时做好客户的心理渗透

营销也是一门心理学，如果想争取到更多的客户，就要了解客户的心理，比如：不同性格的客户，购房心理不同；不同的肢体语言，代表了不同的含义……只有调动起客户的好奇心，才能将他们的注意力吸引到你这里来。当然，可以向客户推销，但绝对不能强买强卖。

一、客户性别不同，购房心理也不同

同一张户型图，同一间样板房，为什么会有两种截然不同的看法？女人对样板房比较敏感，而男人则对户型图比较有信心。男人看重实用，女人更重浪漫；男人偏向理性，女人更看重感觉。男女思维的不同，遇到买房这件大事也体现得淋漓尽致。

情景再现 1

> **楼盘销售人员：**请问，你们想买多大的房子。
>
> **客户：**我明年结婚，想买个 80 平方米的。
>
> **楼盘销售人员：**恭喜您。
>
> **客户：**最好两个卧室都大一点儿。
>
> **楼盘销售人员：**我们这里的户型，两居室，卧室都比较大。
>
> **客户：**好，带我们去看看。

情景分析 / SCENARIO ANALYSIS

很多男性之所以要买房，其中一个重要的原因就是，要结婚了。房子，是结婚的一大必需品。不管房子大小，只要有房，才能结婚，这也是很多男子买房的一大理由。

> **客户女：**我想买个采光好的。
>
> **客户男：**楼层低点吧，老人和孩子方便。
>
> **客户女：**楼层低太暗。
>
> **客户男：**高一点的，等房价涨了，好卖掉。楼层太低了，不好卖。
>
> **客户女：**还没买呢？倒先想着卖了。
>
> ……

情景再现 2

情景分析 / SCENARIO ANALYSIS

通过客户男女的不同对话，我们可以发现，男性和女性的购房心理是完全不一样的。因此，如果想摸准客户的购房心理，让客户跟着你的思路走，就要对不同性别的客户心理多一些了解和认识。这样，引导时，就能有的放矢了。

SCENARIO ANALYSIS
技／巧／展／示
∨

在很多领域，性别是决定个人行为的重要因素，在购房这件事上也是一样。那么，如何通过客户性别来对房屋的销售作出准确判断呢？

1. 买房动机也要看性别

想要买房的人自然是有自己的动机，但并不是住在一起的人，对买房子这件事的动机都一样。比如说婚房。新婚的小夫妻俩想要买套属于自己的房子，这是表面的一致说辞，但事实上，他们各自心里的具体想法还是有所不同的。

比如，从男性角度考虑，"要娶媳妇就要先有套房"，这是多数男性选购婚房的原因；而作为女方，她们多数因为有了房子就会有安全感和归属感，而这种心理上的满足应该是丈夫带来的。

所以，表面上购房是两人一致的目标，但实际上房屋的主要承担者是男方，所以他们更注重房子的性价比和未来价值；但女方的压力相对较小，于是她们更在意房子的户型、采光等和舒适度有关的内容。

2. 买房到底是谁说了算

房子不像萝卜，挑一个好的买了就是，要综合各种因素来考虑，最终还要看准时机，有一个一锤定音、拍板做决定的人出手，那谁来决定什么时候拍板呢？

据相关调查报告显示，通常男性在买房这个问题上更加理智和冷静。他们要经过对首付款的估算、房价走势的预测、楼盘折扣优惠的力度、贷款利率的变化等一系列因素综合分析之后，才决定什么时候买房。但在女性心中，判断买房时机的依据就只有一个：什么时候结婚。

由此可见，这和男女双方购房的动机是分不开的。男方是房子的财力担当，时机由存款多少决定；女方更多地将买房这件事看作一种情结，它是人生阶段的必备要素，所以不会考虑太多经济上的因素。当两个人终于将买房提上日程之后，双方就开始焦虑了，但同样是焦虑，男女的差别还是很大的：男性都会关心首付怎么解决、要如何降低房贷压力；而女性更关心什么时候可以住上房子、房产证会不会写自己的名字。

3. 最终要买什么样的房

在看房的过程中，哪些因素要重点考虑？哪些因素可以忽略不计？到底最终要买个什么样的房子？在这个问题上，男女差异是很大的：能让男性看中的是容积率大、性价比高、升值潜力巨大的房子，换句话说，他们在挑一样可以使用的投资产品。但对于女性来说，外观、样式、采光、环境才是重点，甚至有些女性在别的问题上都可以妥协，但唯独就是要一个"足够大的衣帽间"。

除此之外，男性和女性在房款规划、小区物业、签订购房合同后的关注重点都天差地别。比如签订合同之后，男性关注的最大问题就是什么时候能把房贷还完，而女性则关注什么时候能够住进房子。再比如，对小区物业服务的要求，男性的关注点多数在物业费收取是否合理上，而女性最大的关注点竟然是小区保安帅不帅。

可见，虽然同买一套房，不同的性别会对购房结果形成很大影响。

二、不同性格的客户，也要区别对待

客户的性格都是不一样的，在销售楼盘的过程中要区别对待，不能眉毛胡子一把抓。

面对性格不同的客户，只有为他们提供符合他们性格的服务，他们才会认可你，继而认可你推荐的房屋。

情景再现 1

楼盘销售人员：请问，你们想买多大的房子。

客户：80 平方米的。

楼盘销售人员：看好了，今天就买吗？

客户：我先看看，之后再由我丈夫做决定。

楼盘销售人员：好。

情景分析／SCENARIO ANALYSIS

有些客户性格比较软，购物时通常只会发表意见，但不享有决定权。即使相中了某套房子，也会参考他人的意见，比如：丈夫、父母等。对于这样的客户要多一些尊重，不要说什么"连房子都自己决定不了"之类的话，否则会让对方感到受到侮辱。

情景再现 2

客户：我想买个 3、4 层的房子，100 平方米左右。

楼盘销售人员：我这里就有，我带您去看。

情景再现 **2**

> **客户:** 好的。只要相中了,我今天就可以直接付款。
> **楼盘销售人员:** 好,我这里的房子,您肯定满意。

情景分析／SCENARIO ANALYSIS

对于这种相中了就可以立刻付款的客户,一般也是楼盘销售者最喜欢的。这种人做事时,一般都干净利索,不会拖泥带水;而且,自己有着决定权。遇到这类客户时,要多一些耐心;如果对方决定购买某个房子,就要立刻为其办理相关的手续。

SCENARIO ANALYSIS
技／巧／展／示
∨

每个人对商品需求的不同,最主要是源于他的性格,准确分析客户的心理有助于让每一个到你这里买房的人,都能买到合适自己的房子。

1. 犹豫不决的人

这种人一般都做事缺乏主见,情绪容易被人牵着走,忽冷忽热,遇事总往坏处想。

遇到这种客户时,要用一些暗示性强烈的话语,告诉客户这么适合的房子,现在不买很快就会被人抢光,当他犹豫不决时,你的态度千万要坚定,由你引导他作决定。如果客户身边有一个相对有主见的人,就要多将眼光集中在他身上,寻求更果断的迅速的沟通。

2. 脾气暴躁的人

这种类型的人一般都脾气不好,耐性特别差,一不顺意就大发雷霆,喜欢通过教训他人使自己显得优越,和这些人聊天会时刻感到火药味。

遇到见火就着的人,一定要平静下来,既不能屈服于对方的盛气凌人,也绝不能随意逢迎溜须拍马，不卑不亢、真诚以待才是上策。

3. 自命清高的人

清高的人走到哪里都会给人高人一等的感觉，他们面对多么好的楼盘也会表现得不屑一顾，总会对你摆出一副高傲的姿态。

遇到这样的客户，首先要适当地赞美和恭维，但一定要实在，不能过分夸大让人感觉你是在拍马屁。要保持，不能对他们的错误认识直接批评挖苦，要把自己楼盘的优势告诉他们，并让他们觉得这样的房子配得上自己。

4. 世故老练的人

老练世故的人说话做事都很圆滑，当滔滔不绝地销售你的楼盘时，他们通常会沉默，表现出一副无动于衷的样子，当你说无可说、筋疲力尽时，你就会主动离开，他们的目的也就达到了。

对于这种表面话很少，但心里有自己的一套计划的人，首先要认真对他们进行观察，从细微的肢体语言和不经意间的动作，来判断他们心里到底在想什么。此时销售人员不能过于盲目，要从前景分析等角度进行介绍。

5. 小心翼翼的人

有些客户会用心听你说的每一句话，并且稍有疑问就会马上提出来，这反映他们细致的同时也表明他们疑心较大，对于事物的反应速度要比一般人慢。

面对这种客户，就要尽量跟着他的节奏走，把客户想要知道的问题讲清、讲透，同时配合一些房屋资料和辅助工具，增加你所说信息的可信度，特别要注意强调房屋的可靠性和附加值。

6. 节约俭朴的人

很多会过日子的客户平时节俭惯了，对房子这种高价位的商品会比较挑剔，有时一些拒绝的理由让人大呼意外。其实这类客户并不是真正的"铁公鸡"，他们的原则就是要把钱都花在刀刃上。他们只有觉得你的房子值这个价，甚至物超所值，就成功了一大半。

另外，房子不同于其他消耗性强的商品，它除了价格，很多其他的因素让它具有更高的投资回报率。当你循循善诱地让他们认同房子的长期价值后，再配合"价格拆分法"，他们很快就会打开腰包。

7. 来去匆匆的人

这样的人总感觉时间紧迫，做事也是来去匆匆，他们很难在一个地方听一段长篇大论，通常他们给你的时间也就只有一分钟而已。

针对这类型的客户，不要拐弯抹角，要抓住重点、直奔主题，他们要什么就满足他们什么，这样你才能抓住他们的注意力，遵循"稳、准、狠"的原则才能成功完成房屋推销。

8. 理智好辩的人

这种客户喜欢跟别人唱对台戏，他们不同于自命清高型客户，只要有一点让他们觉得不对，就会搬出许多大道理来讲倒你，多数是嘴上不服输的人。

应对这种人，千万不要上来就顶撞，要以诚恳的态度向对方解释，让对方获得一定的优越感。这样他们就愿意更多地了解你的房屋产品，交流时谨记少说多听，每句话都要切中要害，他们才愿意和你继续聊下去。

9. 虚荣心强的人

虚荣心强的人通常都很要面子，他们也许并没有足够的实力购买高档的楼盘，但他们就是愿意让人觉得他们有这个能力。这类人虽然很自负，但是想法其实很单一。

遇到这类客户时，可以先抬高房子的档位，然后再来介绍，适当的奉承加上对房子的合理夸张，给客户一定的优越感。如果他们仍然表现得喜欢高档位的别墅级户型，不要轻易戳穿，要顺着他们的心理，耐心地对比分析，让他们觉得户型较小的房子既能体现品味又不会造成浪费。只要面子上过得去，他们通常都会根据自己的实际情况选择合适的房子。

10. 贪小便宜的人

这一类人和勤俭节约的人又不一样，他们内心是真正希望多获得一些免费待遇的。通常这种人会给你一个他们不在意房子的印象，没准还会告诉你他们的朋友也是做房地产的，只要他们想要，用低很多的价钱就可以内购一套，你一旦在价格上作出让步，他们的态度又会出现180度的大转弯。

一旦碰到这样的客户，要明确无法给他们这样的优惠，但同时告诉他们可以从别的方面给予优惠，或者干脆结合营销活动，为他们介绍相关的赠送或折扣。总之要让他们觉得在你这里有便宜可占，成功的概率就会比较大。

11. 八面玲珑的人

八面玲珑的人待人都很热情，好跟陌生人交朋友，对你的介绍也积极回应，但一提及购买意向时，他们就立即退缩，让人很是尴尬。

对这一类人不要讲解太多，适时抓住时机将合同拿出来，试探他们是否真的有心购买。介绍时可以配合较大的肢体动作，来引起他们的专注。当他们的注意力开始转移到你所说的内容上时，成功售房就是顺理成章的事了。

12. 滔滔不绝的人

遇到喜欢说话的客户，会让销售人员不知所措，往往不经意就被牵着走。他们总是在说自己想说的事，也可能只是一些鸡毛蒜皮的小事，他们也会信口开河地大说特说。有时甚至搞得销售员都忘了自己该怎么介绍房子了。

面对这样的客户，要尽管让他们去说，但不应该参与到他们的话题中，要时刻清楚你的目的，在当听众的同时，找到楼盘信息的插入点，适时将你要说的内容插进去。但一定要注意，话题转换不能太生硬，让他们觉得你是在和他们抢话。只要将谈话重点落到房子上，他们自然会道出你想要的信息。

13. 沉默羔羊的人

这一类的客户也会认真听我们讲解，有时也会提一些问题，但多数时候他们还是在沉默。主要还是因为他们对房子不太感兴趣，心中的疑问还有很多。

对于这种比较"闷"的客户，要从房子的优点出发，突出它的附加价值，多用一些有煽动性的言语，激发他们的购买欲。同时还要尽量占据提问的主动权，多对对方提出问题，将其带入整个销售气氛中来。

三、透过客户的肢体语言，把握客户心理

人的心理情绪通常会通过肢体语言表现出来，所以，在给客户做楼盘推荐时，要想了解客户的心理动态，掌握销售的主动，可以通过观察他的姿势、肢体动作及表情的变化来实现。

情景再现 1

楼盘销售人员小周带着客户看房子，看了几处，客户都觉得不太满意。小周有点灰心，可是依然带客户走进了另外一个房子。

客户走进房子，径直走到阳台上，突然眼睛一亮：下面还有个游乐场。小周发现了客户的微妙变化，说："这个游乐场是年前刚建立的，现在已经投入使用，平时到这里玩的孩子挺多。"客户点点头："这个小区不错，孩子有地方玩。不像有的小区，连孩子玩的地方都没有。"

小周接过客户的话，说："是啊。买新房的一般都是年轻人，谁家没个孩子，所以我们特意修建了这个儿童游乐场，足够平时带着孩子玩了。"

情景分析／SCENARIO ANALYSIS

案例中，通过细微观察，小周发现，客户对儿童游乐场情有独钟，于是便转移了话题，说到了游戏对孩子的重要性。这样，就很好地激发了客户的兴趣，也引起了客户的好感。由此可见，仔细阅读客户的肢体语言，也是非常重要的。

情景再现 2

客户：我们这几天已经看了好几套房子了，回去商量一下，再做决定。

楼盘销售人员： 这还有什么可商量的，我们的房子肯定是最好的。

客户：我们回去商量一下。

楼盘销售人员： 买个房子都挑来挑去，真没见过你们这样的。

客户（有些生气）：你这人怎么说话呢？买房子还不能商量了？

楼盘销售人员不屑地撇撇嘴。客户起身离开了。

情景分析 / SCENARIO ANALYSIS

案例中，客户其实已经生气了，可是销售人员却有点不识时务。当然，出现这种情况的，一般都是销售新人，大多数经验丰富的售楼人员是不会这样做的。在和客户沟通的过程中，如果发现客户已经通过自己的肢体语言表现出了不满的情绪，就不要再追击了；将客户逼急了，只会造成恶劣的后果。

SCENARIO ANALYSIS

技／巧／展／示

∨

一个好的销售，不仅要有好口才，更要有好眼力。在与客户接触的过程中，会发现对方有很多肢体动作，这些动作就是传达信息的重要媒介。优秀的销售人员，一般都会对这些肢体语言进行认真的解读。

1. 轻轻地揉揉鼻子

人们通常在不相信某件事时，会下意识地轻揉鼻子。当你发现客户有这样的动作时，说明他已经不再相信你说的，并且对你的话题毫无兴趣。这时你就要及时转移话题，重新找到客户的兴趣点。

2. 捏着手指或握拳头

客户作出这个动作，说明它的注意力已经偏离了你的话题。即使你现在依然激情澎湃、滔滔不绝，客户也不会领情，反而觉得他不应该再和你浪费时间。

3. 抚摸后脑

这个动作是一个关键信号，它表示客户反对你说的。一旦看到客户出现这个动作，就要加入一定的互动，询问客户的想法，这样客户才会觉得你尊重他。

4. 轻拍手掌或抚摸头发

与前一个相反，这个动作通常表示同意。尤其是女性客户，当她们作出这样的动作，表面上会让她们看起来更放松、愉悦，所以间接说明你得到了她们的认可。

5. 睁大眼睛

人会睁大眼睛，一个是因为恐惧，另一个就是他们看到了感兴趣的东西。客户对你睁大眼睛，多半是对你的话题产生了极大的好奇，希望你能告诉更多相关的内容。

6. 女方对你无视或低头俯视

两个人来咨询看房，除非房子和其中一方没有直接关系，那么两个人应该都会倾听你所说的。如果你接待的是一对夫妇，女士表示出心不在焉的情况，第一证明你给她的印象不好；第二证明她对房子没有购买欲望。这种情况该如何避免？如果你是女性销售人员，可以针对女士的品味、着装适当夸奖；如果你是男性销售人员，要注意言语礼貌，不能过分夸奖，更不能花言巧语。

7. 交谈中客户眼神四处游离

如果明显感到客户眼神不在你身上，说明他不接受你的话。这时，就要依靠自己的肢体语言吸引客户的注意力，可以通过眼神的碰撞，把客户"看"回来。

8. 将手放在口袋里

这种动作代表了一种防御性，客户作出这样的动作，说明他对周围的环境感到不安、焦虑。这时，要用温柔的语气对待客户，引导他们坐下来，给他们倒杯茶，等他们放松下来再继续销售，为这种客户建立信任感和安全感是销售成功的关键。

9. 摸鼻梁、抚下巴

人们在思考时常常喜欢摸下巴，这时你就要停下介绍，给客户提供时间让他静静思考，这个度要把握好，不能太短也不能太长。在合适的时候，为客户的决定加一把力，就能达到销售目的。

10. 交谈时与你面对面

当客户表示出浓厚的兴趣时，就要乘胜追击、果断推进交易过程。

在面对形形色色的客户时，不论我们得到的"信号"是好是坏，都要诚恳自信，为客户提供最专业的咨询服务，如此才能让你的客户信任你，听从你的购房建议。

四、诱发好奇心，让客户跟着你的思路走

每个人都有好奇心，当对一件事感到好奇时，就会产生一种强烈的想知道的愿望。和客户沟通时，如果想让客户尽快做决策，最好让他们顺着你的思路走。而诱发好奇心则是让客户跟着你走的一个重要方法。

情景再现 **1**

客户：怎么都是电梯楼啊。

楼盘销售人员：现在，很多人都喜欢买电梯楼，方便。

客户：可是，停电了怎么办？电梯出现故障怎么办？

楼盘销售人员：您是想买板楼？

客户：是的，3、4层最好。

楼盘销售人员：其实，住高层也有好处。比如，视野开阔，看得远。要不，我带您去看看。站在20层上，整个市区都可以尽收眼底。

客户：一览众山小？

楼盘销售人员：是的。

客户：要不去看看。

情景分析／SCENARIO ANALYSIS

相信，很多人都想体会一览众山小的感受，这也是高层楼盘的一大特色。因此，当客户在对比低层和高层楼盘的差别时，完全可以通过这一点来吸引他们的注意力。只要将客户的好奇心激发出来了，后面的工作就好办了。

情景再现 **2**

楼盘销售人员：您说主卧太小了？我有个好主意，不如我再带您去看一处房子，给您讲解一下？

客户：还有和这里不一样的房子吗？

楼盘销售人员：对，我们还有一栋楼房就是有两个大卧室的。

客户：好吧，咱们去看看吧。

相信,听了"我有个好主意"这一句话,客户的好奇心就会被调动起来。为了一探究竟,客户定然会跟着你去看。

```
SCENARIO ANALYSIS
技／巧／展／示
V
```

每个人都有好奇心,它是人类行为的最原始的驱动力。如果能成功调动客户的好奇心,后续工作就会开展得很顺利。相反,如果一开始他们就没有一点兴趣,接下来就会寸步难行。也就是说,好奇心为你和客户建立了一个桥梁,要更快更准确地获取客户需求,推进销售进程。那么,具体该怎么做呢? 这里有几个最快捷的方法:

1. 告诉对方你想提一个问题

提问题是激发好奇心的最基本方法,就是提一个问题:"我能问一个问题吗?"一瞬间就可以激发人们的好奇心。他会好奇你在好奇什么? 你感兴趣的是什么? 你会提出什么样的问题? 这一系列的潜意识,会导致他顺口回答:"好啊,你问吧。"

不只是开场白,在整个销售过程中,善于利用问问题的方式引起对方的好奇心,也是无往不利的法宝,它可以有效帮助客户作出自己满意的决定。

2. 趋同效应很适用

简单来说,人们都有"扎堆"的习惯,如果你的客户知道有很多人和他有一样的诉求,他肯定会加入进来获取更多信息。

比如,你对他说:"其实,赵先生,很多和你有类似情况的客户都选择了我说的这种方案。"这时客户就会想,别人的解决成果怎么样? 我是不是也可以参考参考? 这个房屋方案真的可以解决我的问题? 这样就成功激起了客户的好奇心,他就有兴趣听你继续说下去。

3. 只透露部分信息

大部分销售人员认为，既然客户的好奇心被调动起来，就要充分地满足他们，其实这是一个误区。他们错误地以为销售员的价值，就是为客户尽可能多地提供他们想要的信息。

很多时候，客户的好奇心一旦被填满，他们就会对你说的话题失去兴趣。一定要清楚，好奇心是源于一切未知的。客户只有对他们想知道却又不知道的事情充满好奇，他们要是对你的楼盘了如指掌，那还听你介绍干什么？

因此，要学会在进行房产销售时，不断给客户留下未知，一点一点地利用他的好奇心，推进你的销售过程，这样就会事半功倍。

4. 提供令人意想不到的附加值

在为购房者介绍楼盘时，避免不要给客户提供比较全面的信息，这样就很难保持他们的好奇心。对于已经摆在面前的东西没法消除，那么用客户看不见的附加值作"诱饵"，也是一个不错的办法。

比如，一位客户想买一套三居室，在进行反复对比和分析之后，还是没有拿定主意购买，这时你就可以这么说："刘女士，房子的情况我已经给您都分析清楚了。其实，这套房子还有您不知道的好处。"此时，客户的好奇心再一次被点燃。

"我们得到可靠消息，未来几年，市政府要设立几个地标性的城市居民聚居圈，进行重点宣传和形象塑造，其中就包括我们看的这个小区。"客户听到自己的房子有这样意想不到的附加值，成交的最后一锤也会定了。

因此，要根据你的客户的具体情况，采用不同的方法，只要成功激发他们的好奇心，就不怕销售进行不下去，就不愁没有机会让客户签合同。

五、绝不可有强迫行为，但可以适时逼定

任何一个人都不愿意受到他人的强迫，如果强迫客户购买，轻者会对你产生厌烦，严重者还会投诉你。到时候，你就要吃苦头了。可是，虽然不能使用强迫的方法，但是却可以在合适的时间对客户进行逼定。

情景再现 1

> **客户：**这房子还行。
>
> **楼盘销售人员：**<u>房子也看的差不多了，现在我们去</u>
> <u>交钱吧。</u>
>
> **客户：**我再想想看。
>
> **楼盘销售人员：**<u>过了这个村，就没这店了。您看这</u>
> <u>房子都紧缺啊。</u>
>
> **客户：**我们再考虑一下。
>
> **楼盘销售人员：**<u>还考虑？再耽误，煮熟的鸭子都飞了。</u>

情景分析 / SCENARIO ANALYSIS

　　不可否认，案例中的这个销售人员说话就是有问题的。客户本来是想再考虑一下，可是他反反复复地逼迫人家快速交钱。这样做，很容易将对方逼急。一旦对方生气了，情况就不容乐观了。

情景再现 2

> **客户：**这个房子还行。
>
> **楼盘销售人员：**<u>这房子是楼层最好的，3楼，采光</u>
> <u>也不错，您看现在就下定吗？</u>
>
> **客户：**我们再考虑一下。
>
> **楼盘销售人员：**<u>这个房子已经有好几个客户看过了，</u>
> <u>您要早点决定，否则不保险。</u>
>
> **客户：**嗯……要不，我先预付下定金。
>
> **楼盘销售人员：**<u>行。</u>

情景分析 / SCENARIO ANALYSIS

　　虽然我们说不能强迫客户交钱，可是也可以采用一定的逼定方法，比如：造成一种很多人都想买的假象，促使客户及早下定。这种方法比较适合于，确实喜欢某个房子但稍有犹豫的客户。

我们一直在强调柔性策略，但销售最重要的环节还是最后的那一锤子，要想让客户踏踏实实地签订合同，就要有一定的逼定技巧。

1. 利用折扣实现逼定

折扣逼定要通过现场优惠活动进行。房地产开发商可以在楼盘销售期间，搞一些相关的活动，炒热现场的同时，也可以提高销售效率，成功逼定。

适用人群：这种方法非常适合用在普遍客户群中，人们的消费心理都是趋向物美价廉的。

使用方法：要提前做好市场调研，选择合适的活动方案。销售人员要能很好地将活动和销售相结合，为有优惠需要的客户提供折扣。同时要注意提醒客户活动的时效性，促使他们尽快作出选择。

使用禁忌：轻易对客户要求作出让步，让客户误以为价格可以一降再降。

2. 利用电话实现逼定

电话逼定的方法主要用在没有立刻购买冲动的客户中。有些客户对楼盘很满意，但就是没有马上购买的冲动，针对他们可以一一为他们解决顾虑，为下定扫清障碍。

适用人群：自主权不是很多，容易对他人产生信任心理的客户。比如家庭主妇。

使用方法：为电话逼定设置一个现场区域，通过和朋友、同事、老客户等的通话，将房价上涨、房号被抢等情景逼真地演绎出来。

使用禁忌：采用虚假内容，形容过于夸张，不考虑客户的真实诉求。

3. 利用房号实现逼定

此种方法是利用房号的特殊性，通过多种渠道，让购房者产生此房独一无二的感觉，并且要营造出竞争激烈的情形。

适用人群：像某些对房屋格局有特殊偏好，或者完美主义者，没办法果断决定购买的客户。

使用方法：销售人员要在现场相互配合，必要时采用一些道具，制造出房屋稀缺的紧张气氛，给客户留下"时不我待"的紧迫感。

使用禁忌：数量提供过多，房屋的稀缺性被化解。没抓准客户真正意向，选错户型。忽略了客户的经济实力。

4. 利用激将法实现逼定

激将法主要是从客户情绪方面入手，利用强烈的语言、动作和相应的技术手段，让客户产生兴奋的情绪，冲动之下直接下定。

适用人群：情绪浮动较大，容易受人煽动，容易被情绪左右的客户。

使用方法：要清楚地认识到客户的要害之处，直接从正面免除他们的顾虑。关键的时候要结合欲擒故纵的方法，为客户最后的下定作契机。

使用禁忌：没有准确抓住客户性格上的弱点。对客户的激励不够充分。执行力度不强、态度不坚定。

掌握跟进客户的几个步骤与技巧

　　客户看了楼盘之后，定然会回家考虑，这时候做好客户的跟进工作就显得尤为重要了。那么，如何进行客户的跟进呢？首先，要营造一个好的营销氛围；其次，要采用合适的方法攻破客户的心理防线；最后，要选择合适的跟进时间……凡此种种，都是需要了解的跟进方法。一定更要重视，忽视了客户的跟进，会让你以前的努力统统白费。

一、适当恭维，营造好的沟通氛围

喜欢被他人赞美，是人的一种本能。让别人开心，我们并不因此受损，何乐而不为？如果学会了在适当的时候恭维一下客户，就会增加更多的准客户了。人之所以区别于动物，也正是因为有这种欲望，因此为了营造良好的沟通氛围，就要对客户进行适当的恭维和赞美。

情景再现 1

> **客户：** 我这次买房主要是给老人住的。
>
> **楼盘销售人员：** 是吗？老人现在在哪里？
>
> **客户：** 在老家。房子买好后，就过来和我们一起住。
>
> **楼盘销售人员：** 真孝顺。
>
> **客户：** 老人身体不太好，过来方便照顾。
>
> **楼盘销售人员：** 嗯，老人肯定非常高兴。
>
> ……

情景分析 / SCENARIO ANALYSIS

虽然这段对话还没有结束，但可以想象，客户的心里一定是暖暖的。谁不想让别人说自己孝顺？又有谁乐意背上"不孝子"的恶名？因此，如果发现客户是给老人买房子的，就可以从"孝顺"这一点出发，进行适当

138

地恭维。一旦满足了客户的心理需求，客户就会对你留下良好印象。

情景再现 2

> **客户：** 我们原来住的有点儿小，想买个大点儿的?
>
> **楼盘销售人员：** 嗯，家里有了小孩，空间就显得有点小了。
>
> **客户：** 是的。我媳妇怀孕了，过了年，老人就要过来帮着带孩子了，地方小了，住不开。
>
> **楼盘销售人员：** 您想得很周到。
>
> **客户：** 最好小区附近生活购物都方便一些，老人来了方便。
>
> **楼盘销售人员：** 是的。这些确实是应该考虑的。

情景分析／SCENARIO ANALYSIS

买房，通常都会涉及老人和孩子，如果客户买房时将这些要素都考虑到了，就可以夸赞他们"考虑周全"，满足一下客户的虚荣心。而且，采用这种方法，还可以拉近彼此间的距离，客户的跟进也就变得容易多了。

SCENARIO ANALYSIS
技／巧／展／示

∨

如果你对自己的办事能力没有足够的信心，而且客户很难说服，就可以试着给客户戴戴"高帽子"，多恭维他们一些。大多数人都喜欢听奉承话，相信只要是你的恭维话说得恰到好处，即使客户比较刁钻或者非常难缠，也会自觉地肯定你的说法，积极配合你，最终促使交易的达成。

在楼盘的销售过程中，如果想打开客户的心理防线，恭维客户必不可少。那么，如何采用恭维的策略呢? 要想恭维得当，就要注意以下几点：

（1）恭维的话，一定要迎合客户的心理，多找一些让客户引以为豪的事情或经历。

（2）当你热情地恭维客户时，可能对方依然会表现得不冷不热。不要觉得自己受了委屈，要开动脑筋，主动寻找和客户的共同话题，一旦发现了客户的优点，就可以适当恭维。

（3）恭维的时候，要多和客户互动。既不能只让客户一个人讲述自己的光辉史；也不能自顾自地说些恭维话，完全忽视了客户的反应。

（4）认真观察，要通过客户的聊天，就地取材，自然得体地恭维对方。

（5）为了让你的恭维显得更加自然，可以主动向客户请教，配以得体的语言和谦逊的态度。

（6）如果客户对你或产品提出了某些意见，千万不要心怀不满，要适度地反省自己，然后恭维客户提出的意见"很有价值、很合理"，以便稳住客户的情绪，使交易顺利进行。

（7）恭维客户并不代表放弃自己的原则，如果你的想法和客户不同，就要微笑着和客户进行沟通。

二、用启发和假设方式攻破其心理防线

在销售过程中，难免会遇到一些畏首畏尾的客户。这些客户之所以会这样，主要是因为他们给自己设立了一道防线。有了这道心理防线，他们就会对陌生人产生不信任感，就会对销售人员筑起一道心理长城，这样就会直接阻碍成交。如果客户的防卫心理很重，就要学会使用启发和假设的方法。

情景再现 1	**客户**：我想买高层的，2 楼有点低。 **楼盘销售人员**：是的。确实有点低。不过，2 楼上下楼方便，您说呢？ **客户**：也对。

情景再现 **1**

楼盘销售人员：如果老人来了，也方便爬楼梯。太高了，老人上去就不愿下来了。

客户：是啊。有个同学家里就这样，住 6 楼，老人一般都很少下楼。

楼盘销售人员：那您看，2 楼是不是也有好处？

情景分析 / SCENARIO ANALYSIS

当客户对现在看的房子不满意时，完全可以通过启发式的问话，将楼房的优势说出来。任何一处房子都有优点也有缺点，如果你不说，客户很可能根本就不会想到。因此，为了吸引客户对房子多一些肯定，就可以多启发。

情景再现 **2**

客户：客厅太大了吧。

楼盘销售人员：其实，这里可以再隔出一个空间，做个吧台。星期天，坐在这里喝杯红酒，是不是也很惬意。

客户：嗯，想法不错。

楼盘销售人员：其实，只要将空间利用好了，可以增加很多功能呢？

客户：这在以前，我倒没想到，幸亏你提醒。

楼盘销售人员：呵呵。

情景分析 / SCENARIO ANALYSIS

当客户在犹豫不决时，完全可以通过假设的方式，和其一起来想象未来的场景。一旦得到对方的认可，或者整合满足了对方的需求，对方通常都会乐于接受的。这样，就给最终的成交埋下了伏笔。

事实证明，运用启发和假设的方式确实可以攻破客户的心理防线，那么如何来实施这种方法呢？

1. 掌握"亲近推销"法

优秀的售楼高手之所以能够比别人取得更理想的业绩，其中一个重要的原因就是，他们和客户建立了一种信任和亲切关系，会通过语言和姿势将自己与客户相同的体验、观察和行为表现出来，这也就是所谓的"亲近推销"。

"亲近推销"是一种暗示手段，能够告诉客户：我和您是一样的，我们意气相投，您可以相信我。在楼盘销售的过程中，可以将客户的某些真实体验认真地描述出来，比如，"这几天真够热的，对吧？""最近，很多人都开始穿裙子了，是吗？"……这样，在销售人员和客户之间就容易建立起一种亲近关系，让彼此之间在潜意识中产生心理的共鸣。

2. 和客户聊点家常

通常，什么人之间会拉家常？亲戚、朋友、同学……总之，都是认识的人。其实，拉家常也是一种拉近客户距离的可用方法。和客户在正式沟通之前，聊聊家常，可以在最短的时间拉近彼此之间的距离，让你们由陌生人变成朋友。

在谈家常时，客户就可以了解你的背景和生活情形，渐渐地就会对你减轻心理防卫，彼此的交谈气氛也会由紧张变得轻松。对于楼盘销售人员来说，则可以从对方的谈话中捕捉到对营销有利的信息，对客户多一些了解和认识。

3. 打消客户"再做考虑"的打算

和客户沟通了一阵之后，有些客户就会说："我考虑一下，再给您答复。"如果将其放走了，最后得到的结果可能是：对方一直都没有给你答复，或者几天之后你打电话确认时，客户却告诉你"已经买了其他楼盘的房子了。"

做事的时候，我们一般都提倡要"趁热打铁"。如果客户说"再考虑一下"，可能是因为你加的火候还不够；或者是，你使用了错误的加热方法，客户的需求欲望没有达到最高点，心中依然疑虑重重。因此，当客户说了这句话时，不能轻易地说："那您多考虑一下吧，我等您电话"，之后就离开客户，一定要趁热打铁，引导客户做决定。

4. 正确认识客户异议

在销售楼盘的过程中，如果对客户的异议有所顾虑，就无法攻破客户心理防线、拿到订单了。在楼盘销售过程中，仅沟通一次就成交的概率很少，客户不时地都会作出一些不利于成交的反应。要知道，客户能够提出异议，说明他确实在和你沟通，不是无动于衷的。

所以，从这个意义上来说，客户是否提出异议也是他是否对产品感兴趣的指示器。要想快速成交，就要认真地为其做介绍，要想办法激发起客户的购买冲动。

三、选择恰当的时间跟进客户

楼盘的跟进是一项重要工作，可是一定要选择合适的时间，否则很容易对客户造成干扰。比如：客户正在开会，而你却打电话过去，就容易引起对方的不满。因此，客户跟进，选择恰当的时间最重要。

情景再现 1

楼盘销售人员： 您好，我是 ×× 楼盘销售人员小曲，请问您决定好了吗?

客户： 对不起，我正在开会。

楼盘销售人员： 没事，就几句话。

客户： 会后再说。

楼盘销售人员： 我只占用您几分钟。

客户电话忙音。

情景分析 / SCENARIO ANALYSIS

上班时间给客户打电话。这种做法很容易引起客户的反感，因为客户可能工作比较忙。

在跟进客户时，一定不要选择对方工作的时间，尤其是开会的时间。工作，对于人们来说都是最重要的。如果你的电话对客户的工作造成了干扰，客户肯定会立即挂掉。如果你不识时务地重拨，更会引起对方的不满。

> **情景再现 2**
>
> **楼盘销售人员**：您好，我是售楼处的小李，我想跟您聊下房子的事。
> **客户**：对不起，我现在在医院，晚上再说吧。
> **楼盘销售人员**：行，晚上我再给您打电话。
> **客户**：好的。

情景分析 / SCENARIO ANALYSIS

给客户打电话，客户很可能正处于忙碌之中，比如，正在医院看病人，或者自己正在医院看病，这时候，就要对客户多一些体谅，重新和客户约定沟通的时间。千万不要在客户说"不方便"时，而你却强拉硬拽。

```
SCENARIO ANALYSIS
技／巧／展／示
```
∨

在对客户进行电话追踪时，一定要注意选择恰当的时间。如果时间选择得不合适，很容易打扰客户的正常工作或生活，不仅显得不礼貌，而且可能引起客户的反感，从而影响电话追踪的效果。那么，楼盘销售人员该如何确定给客户打电话的时间呢？

1. 可以提前问一下

如果不确定什么时间给客户打电话方便，可以事先问一下客户。例如，客户看完房子以后觉得不太满意，就可以这样对客户说："X 先生，我再帮您找找房子，如果找到更合适的房源，我什么时候打电话给您比较方便？""如果我想和您聊房子的事情，中午方便，还是晚上方便？"这样，如果客户确实需要你的帮助，就会将时间告诉你了。

2. 不同的客户选择不同的时间

客户的职业都是不同的，如果没有事先向客户询问打电话的时间，就需要根据客户的工作、生活特点来选择打电话的时间了。为了做到这一点，就要提前对客户的职业、作息时间等有个清晰的了解。当客户和你聊天时，就可以问问对方是做什么，在哪里工作。

3. 先发个短信试试看

除了上面的方法，还有一个确定沟通时间的好方法，那就是短信。如果你想给客户打电话，可是却不知道对方有没有时间，就可以先给对方发条短信，比如："您好，我是 ×××，我这里有个适合您的房子，想打电话和您沟通一下，您方便吗？"对方看到之后，就会针对你的短信作出答复，如"方便"，"有事，稍后我打给你"……而且，事实证明，这种方法的效果是最好的。

四、客户直接挂掉了你的电话怎么办

很多时候，当你进行电话跟踪时，客户可能会直接挂掉你的电话，怎么办？这时候，就要看看对方为何要挂掉你的电话了。比如，如果对方正有事，不方便接听，就会直接挂掉；如果客户对你有什么不满意的地方，也会直接挂掉你的电话……要想解决这个问题，就要查找具体的原因，然后加以改善。

情景再现 **1**

客户： 我们觉得还是不合适，想再看看。
楼盘销售人员： 您觉得哪里不合适呢？
客户： 房价还是太贵。
楼盘销售人员： 现在都是这个价。
客户： 我们再考虑一下。
楼盘销售人员： 您看……
客户挂掉了电话。

情景分析 / SCENARIO ANALYSIS

在对客户进行电话跟进时，很可能说着说着，对方就将电话挂掉了，为什么？很可能客户不想再和你沟通了。这时候，如果依然坚持不懈地打电话，只会让客户更加厌烦你。俗话说的好，识时务者为俊杰。也许，先和客户断几天联系，几天之后再联系，效果会更好。

情景再现 **2**

客户： 我们想再看看。
楼盘销售人员： 怎么回事？
客户： 我老婆说，想买个跃层的。
楼盘销售人员： 我们这里也有跃层的。
客户： 过几天再说吧。
楼盘销售人员： ……
还没等销售人员说话，客户已经挂了电话。楼盘销售人员没有放弃，换了一部电话，继续联系。结果，客户一听他的声音，便挂了电话。

情景分析 / SCENARIO ANALYSIS

看到客户挂了自己的电话，继续不停地给客户打电话，直到客户接电话为止。这种不停的电话骚扰很容易引起客户的反感，甚至可能引来客户的投诉。换另外一个电话，以其他房产公司的名义打给客户，会有欺骗的嫌疑，不仅有损自己的职业道德，还会损害其他销售人员的名誉和利益，因此一定不要这样做。

┌─────────────────────┐
│ SCENARIO ANALYSIS │
│ 技／巧／展／示   │
└─────────────────────┘
          ∨

一旦客户对你的电话烦不胜烦，甚至强烈排斥时，就会在你们之间形成一道无形的屏障，到时候再想接近就更难了。那么，楼盘销售人员该如何打破客户的心理屏障，顺利对其进行追踪呢？

1. 先和客户建立良好的关系

生活中，对于亲戚朋友的电话，我们通常都不会主动关掉。由此可见，如果想让客户不挂断你的电话，就要先处理好和客户的关系，让对方对你产生好感。

因此，平时就要多和客户保持联系，比如，给对方发个祝福的短信，或者用微信等方式和客户进行沟通。一旦彼此之间的距离拉近了，双方之间产生了情感上的联系，再打电话给客户时，对方就不会挂掉你的电话了。

2. 不断改进自己的沟通方式

如果不想让客户挂断你的电话，就要不断改善自己的沟通方式。比如，如果客户抱怨说，已经有很多销售人员打过咨询电话，不要再打了。这时候，楼盘销售人员就应该诚挚地向客户表示歉意，之后巧妙地转换话题，为了消除客户的抵触心理，可以将此次打电话的目的说成是为客户处理投诉。

五、客户主动打电话给你怎么办

很多时候，当客户有问题咨询时，也会主动给你打电话。这时候，怎么接电话呢？这里面也是有一定学问的。

情景再现 1

客户：请问，小曲在吗？

楼盘销售人员：不好意思，我是小曲的同事，他现在正在接听一个电话。请问，您贵姓，方便让我转告吗？（其实，小曲根本没接电话，为了给客户制造一种自己很忙的假象，故意叫同事帮自己接电话）。

客户：哦，我想和他沟通一下昨天看过的那套房子的事情，麻烦你叫他给我回个电话，我姓何。

楼盘销售人员：何女士，您稍等一下，小曲接完电话过来了，我叫他跟您说。

小曲：何女士，不好意思，刚才接了个电话。

客户：哦，没关系，我就是想问一下价钱方面，还能不能低一点？

小曲：哦，是这样的……

情景分析 / SCENARIO ANALYSIS

一边工作，一边接电话是很不礼貌的，不如先将手里的事情处理完了，再接客户的电话。当然，当客户主动打电话来时，可以制造一个工作很忙的假象。这样，也是促使客户快速做出决定的一个有效方法。

情景再现 2

客户：您好，小曲，请问××小区那套两室一厅的房子现在卖多少钱？

楼盘销售人员：您还想买那套房子？

客户：是的。我们商量了一下，觉得还是这套房最理想。

楼盘销售人员：不好意思，这套房子已经卖出去了。我再帮您选一套？

客户：行，还是那个楼层吗？

情景再现 2

楼盘销售人员：原来你看的是 3 楼的，现在这个是 5 楼的，房屋的格局都一样。

客户：哦，原来是这样啊。

楼盘销售人员：是的，您要不来看看，然后再决定？

客户：……

情景分析 / SCENARIO ANALYSIS

在销售的旺季，很可能在客户考虑的时间，房屋就被他人买走了。这时候，当客户来电话咨询时，就可以为其推荐其他的房子。这样，不仅不会流失掉客户，还会给客户更多的选择。客户还会因为你的工作态度，而对你产生信任感。

SCENARIO ANALYSIS
技／巧／展／示
∨

对于销售人员来说，客户主动给你打电话是一种好现象，一则说明对方确实有买房的需求，二则说明对方信任你。因此，一定要认真对待。

1. 了解对方给你打电话的原因

客户看完房子后，如果主动打电话给楼盘销售人员，通常来说，都是出于以下两个原因：一种是，本来提前预约好了，楼盘销售人员要在某个时间给客户打电话，可是忘了与客户联系，以致客户主动打电话来询问；另一种是客户着急买房，想找销售人员多了解一下相关的事宜。无论是出于什么原因，如果想促成销售，都要注意正确的电话礼仪。比如：说话要客气、有问必答、用语正确等。

2. 制造出一种繁忙的景象

为了营造出一种繁忙的景象，当客户打电话过来时，就要给客户制造出一种自己很忙的感觉。如此，客户就会觉得，你的楼盘销售得不错。众所周知，生意好就意味着信誉好，客户一般都喜欢到生意好、信誉好的公司买房，这样也就在无形之中提升了自己的影响力，对于成交量的提升是大有裨益的。

要提高成交量就要在拒绝中成长

在楼盘销售中，大多数客户都会提出一些拒绝或反对的意见，怎么办？一句话不说吗？否。要针对客户提出的不同问题，采用合适的方法来应对。不管是客户提出要回去和家人商量，还是嫌房子的价格贵，抑或是挑剔附近的交通、户型……都要积极与客户沟通，帮助客户解决困惑的过程就是成交完成的过程。

一、客户要回家和家人商量，如何应对

通常，买房子是一件大事，尤其是对于成家的人来说更是如此。因此，当一方看完房子之后，很可能会回家和另一方商量，这是很正常的。可是，也不能任由客户自己来，商量的次数多了，商量的人多了，购买的希望就会渐渐减少。因此，当客户说要回家和家人商量时，一定要正确应对。

情景再现 1

房价谈妥后，楼盘销售人员要求客户交一些定金把房子定下来，客户却说："我得回去和家人商量商量。"

楼盘销售人员有点不高兴了，说："好的，那等您与太太商量好再过来吧。"

情景分析／SCENARIO ANALYSIS

面对这种情况，使用这样的说辞，虽然显得很礼貌，也尊重了客户的选择，但是却没有了解清楚客户为什么要回去与家人商量，没有了解清楚客户疑虑的原因在哪里。这样，是不利于后面跟进工作开展的。

情景再现 2

楼盘销售人员： 黄先生，如果您觉得没什么问题，那您先交一部分定金，咱们把房子定下来吧。

客户： 不急，我还是先回去跟太太商量商量。

楼盘销售人员： 黄先生，是不是我哪里介绍得不到位，使您有所疑虑呢？

客户： 不是。

楼盘销售人员： 那是不是价钱方面还有所顾虑呢？

客户： 也不是。我确实得先回家同太太商量一下才能作决定。

楼盘销售人员： 这样啊，那您看，是我和您一起去您家一趟，和您太太商量一下；还是您打电话叫她过来再看看房子，最后再商量决定？

客户： 我打电话给她，让她过来看看吧。

情景分析／*SCENARIO ANALYSIS*

　　当知道客户要回去和太太商量后，楼盘销售人员引导客户说出了与家人商量背后的真正原因。当客户说："我确实得先回家同太太商量一下才能作决定。"可以判断出，客户可能没有决策权，客户也不会断然交定金。这样，就可以通过和客户的沟通，争取到与决策权人面谈的机会。

SCENARIO ANALYSIS
技／巧／展／示

∨

　　当客户说出"要回家和家人商量"时，通常是有多种原因的，因此一定要认真对待，千万不要用恶言恶语伤了客户的心。具体来说，可以这样做：

153

1. 理解客户

成交的关键时刻，客户会提出"要与家人商量"时，通常有以下几种可能：客户以此为挡箭牌，想要拖延时间再作打算；客户担心自己一个人作决定太过轻率，需要与家人商量之后再作决定；客户没有决策权，需要征求家里人的意见。不管是哪种原因，遇到这种情况时，都要对客户的做法表示理解，之后再通过沟通了解客户要回去商量的真正原因。

2. 不同原因分别对待

一旦了解了真正的原因，就要针对不同的原因采取相应的策略了。

（1）如果客户在家里是有决策权的，只不过想征求一下家里人的意见；或者客户只是以此为借口，想要推迟购买……这时候，就可以使用"户型畅销""价格实惠"等理由说服客户早作决定；也可以向客户暗示，这几套房源现在很抢手，随时都有可能被其他客户买走。

（2）如果客户没有决策权，就以房源畅销为由，让客户产生紧迫感，促使其尽快与家人商议。同时，还要向客户了解一下决策人的相关情况，争取让客户先交一部分定金，然后再带决策者一同过来签订买房合同。

（3）如果客户仅仅是想得到一些优惠，楼盘销售人员也可以在自己的权限范围内适当作出一些让步，促使客户立刻下单。

二、客户嫌房子的价格贵，如何应对

买东西的时候，很多人都会在价格上纠结，买房更是如此了。面对居高不下的房价，客户当然都想以最少的钱买到最好的房子了。如果在和客户沟通的过程中，客户一直都在为了价格问题而烦恼，就要巧妙使用一定的方式方法了。

<table>
<tr><td>情景再现 1</td><td>客户看完房子后，客户向楼盘销售人员询问价格。

楼盘销售人员报出价格，客户听完脱口而出："太贵了吧。"

楼盘销售人员说："嗯，这套房子的确是贵了一点儿，但一分钱一分货啊，好房子当然不会便宜啦。"</td></tr>
</table>

情景分析／SCENARIO ANALYSIS

不可否认，销售人员这样的应答是不正确的。当说出"嗯，这套房子的确是贵了一点，但一分钱一分货啊，好房子当然不会便宜啦。"时，也就认同了客户"贵"的观点，在接下来的说话中，如果无法拿出有力的证据支持自己的观点，是很难打消客户议价念头的。

<table>
<tr><td>情景再现 2</td><td>**楼盘销售人员：**徐先生，您觉得这套房子怎么样？

客户：还可以吧，就是不知道价钱怎么样？

楼盘销售人员：每平方米 6 300 元。

客户：每平方米 6 300 元？太贵了吧？

楼盘销售人员：这个单元 15 层的胡先生刚买了一套，开始的时候他也觉得贵，不过比较了附近的几个楼盘后，最后还是买了这里。因为他觉得，这里的房子户型好，南北通透，小区里还有小花园和喷泉。对了，徐先生，您觉得什么样的价位您能接受呢？

客户：最多 6 000 元吧。

楼盘销售人员：徐先生，我非常理解您的心情，您也知道，最近房子都在上涨，这价格已经比较低了。下个月，房价又要涨了。

客户：哦。</td></tr>
</table>

情景再现 2

楼盘销售人员： 徐先生，其实 3 万元也不算多。这套房子最起码可以用 70 年，一年 365 天，算下来平均每天还不到 2 元钱。每天花 2 元钱就可以享受这么好的房子，应该不算太贵吧？

客户： 呵呵……

情景分析／SCENARIO ANALYSIS

当发现客户觉得价格贵时，销售人员现身说法，拿一个已买房的客户做了比较，提高了说服力。之后，将多出来的钱，进行了平均，用价格平均法淡化了客户认为贵的感觉。不可否认，这样的处理方法是比较正确的。

SCENARIO ANALYSIS
技／巧／展／示

∨

客户作为购买者，肯定希望自己买到的商品是物超所值、物美价廉的，尤其是像房产买卖这种高金额的交易，一旦议价成功就可以省下一大笔钱。因此，楼盘销售人员报价后，即使价格很合理，客户也依旧会提出价格方面的异议，嫌房子太贵了。那么，遇到这种情况时，楼盘销售人员该如何应对呢？

1. 将房子的好处告诉客户

研究发现，客户对房子的兴趣度和满意度越高，对价格问题的考虑就会越少。因此，当客户说"太贵了"时，最好不要蛮横地与客户争辩，可以使用"利益分析法"说服客户；只要向客户证明了价格的合理性，当客户觉得这个房子确实值这个价钱或物超所值时，当客户了解了自己能得到的利益和好处时，很可能就会接受这个价格。

使用这种方法时，根据客户需求和房源情况的不同，可以使用不同的介绍和说明，比如，房子的户型好，将每寸空间都充分利用了起来；房子的位置和地段好，交通方便，上班、上学都节省时间；周边的生活配套设施完善、生活便利……为了提高客户的兴趣，在向客户讲解这些好处时，要尽可能地表达得生动一些、形象一些、具体一些。

2. 将价格平均开来

如果使用了上面的方法，还无法说服客户，就可以使用一下"价格平均法"：先了解一下客户的心理价位与你的报价之间的差距，然后将这个数值平均分摊到每一天。这样，数字就会小很多，客户就不会觉得贵了。比如：一套房子 70 万元，使用年限为 70 年，这样一年只要花费 1 万元就行了；平均到每天，还不到 300 元。这样，客户就不会觉得贵了。

三、客户嫌交通不方便，如何应对

有些房子建造的地方交通不太方便，这是客观存在的，如果客户以此为理由无法立刻下单时，该如何应对呢？

情景再现 1

客户：这里位置太偏了，交通不方便，我还是想住在繁华一点儿的地方。

楼盘销售人员：这样的位置还叫偏，那您觉得什么样的地方才算繁华呢？

客户：起码生活购物得方便。

楼盘销售人员：这样的位置怎么会偏呢？我以前带不少客户看过，谁都没这样说过。

客户：可能人家看中的不是这一点。

楼盘销售人员：这里位置的确偏一些，但是价格便宜啊。

情景分析 / SCENARIO ANALYSIS

当客户提出位置比较偏僻、交通不方便时,楼盘人员作出了回答,可是在他的回答中,出现了明显的几处错误:

"这样的位置还叫偏,那您觉得什么样的地方才算繁华呢?"使用反问的语气,不仅不礼貌,还带有讽刺客户的味道,很容易引起客户的不满,不利于客户异议的消除。

"这样的位置怎么会偏呢?我以前带不少客户看过,谁都没这样说过。"用其他客户对比,好像在责怪客户太过挑剔,很容易引起客户的不满。

"这里位置的确偏一些,但是价格便宜啊。""价格低"的优势虽然可以弱化"位置偏"的劣势,但使用这种表述方式,就等于承认了房子地段差、位置偏等缺陷。

情景再现 2

楼盘销售人员: 韩先生,您觉得这套房子怎么样?

客户: 房子倒是可以,就是这里位置太偏了,交通不方便,我还是想住在繁华一点儿的地方。

楼盘销售人员: 嗯,这里的确不像市中心那么繁华、热闹,但是这里的居住环境优雅宁静,很适合老人休闲和孩子学习,很多客户都想来这里买房呢。

客户: 是吗?

楼盘销售人员: 是啊。这个小区在绿化、生活配套设施方面做得非常到位,绿化面积达到了45%,而且小区内还有大面积的运动休闲场地、儿童游乐区等。更重要的是,这里的房价比市中心低得多,每平方米平均要低2 000多元呢。算下来,100平方米的房子足足省下20多万元。您说值不值?

客户: 可是这里这么偏,买个东西都不方便。

楼盘销售人员: 韩先生,这一点您不用担心。出小区右拐,不到200米就有一个大型菜市场,旁边还有很多便利超市、服装店、五金百货店、餐饮店等,购物、吃饭都很方便。

当客户嫌房子地理位置偏僻时，楼盘销售人员讲述了小区的优点；接着，用小区的配套设施证明了小区的环境优势，同时提出价格优势……我们相信，通过这样的沟通，定然可以消除客户的疑虑，增强客户的购买信心。

```
SCENARIO ANALYSIS
技／巧／展／示
∨
```

如今，人们都想买到交通便利的房子，可是如果小区确实比较偏、交通不方便，该如何应对呢？聪慧的楼盘销售人员一般都会这样做：

1. 不要刻意掩盖

房源的位置是客户购房的一个重要参考指标，如果房源的位置比较偏僻，客户一般都会提出异议，这时候，千万不要刻意去掩盖这一缺陷，更不要编造一些子虚乌有的优点来欺骗客户。客户不是傻子，房子的缺点他们一眼就能看出来，一味地掩盖，会让客户对你产生不信任感。

当然，也不能直截了当地承认这一缺陷。一旦直接承认了，也就在无形中把这一缺陷在客户心里放大了，是不利于消除客户异议的。

2. 将房源的缺点和优点都说出来

面对这种情况，经验丰富的售楼员都会先说出房源的缺点，然后再说出房源的优点，用优点冲淡缺点对客户造成的负面影响。在谈话过程中，人们一般都会更加关注"但是"后面的内容，如果先说优点再说缺点，缺点就会被无形放大。事实证明，这种方法确实可行。

当然，在采用这种方法时，有些地方也是需要注意的，比如：一定要先说缺点，再说优点；房源的优点要阐述得详细一些，房源的缺点要讲解得简单一些，比如，"这个小区虽然偏一点，但是环境要比其他小区好得多……"

3. 不要重述客户的话

为了弱化房源缺陷在客户心中的影响，在讲述房源的缺点时，不要重述客户的话，要多使用一些其他词语来代替。如果客户说"房子位置太偏僻"，你就可以说"这里确实不如市中心那么繁华、热闹，但是……"。

四、客户不喜欢楼房的朝向，如何应对

房子的朝向，也是客户购买房子时看中的一个因素。有些客户喜欢南北向的房子，而不喜欢东西向的。如果你的房子确实是东西向的，如何才能说服客户愿意购买呢？

情景再现 1

楼盘销售人员： 您觉得这套房子如何？

客户： 我不喜欢朝西的房子，采光不好。

楼盘销售人员： 就是因为房子朝西，价格才这么便宜；如果朝东，这么低的价格可买不到，每平方米要贵好几百元呢。

情景分析 / SCENARIO ANALYSIS

当客户对房子的朝向提出异议时，销售人员回答说"就是因为房子朝西，价格才这么便宜；如果朝东，这么低的价格可买不到，每平方米要贵好几百元呢。"这种表述方式会让客户有一种被看不起的感觉："哦，原来你认为我买不起更贵、更好的房子啊。"很容易引起客户的不满。

情景再现 2

楼盘销售人员： 马先生，您觉得这套房子怎么样？

客户： 这套房子是朝北向的，采光不好。

楼盘销售人员： 马先生，我非常理解您的感受，大部分客户都喜欢朝南的房子，而不喜欢朝北的房子。其实，一套房子到底好不好，不能只看朝向，还要综合考虑楼层、户型结构、光线、景观等各方面，您觉得呢？

客户： 是。可是朝北的房子整天晒不到太阳，又冷又潮，住着不舒服，而且容易得病。

楼盘销售人员： 是的，您说得很对，如果整天晒不到太阳，确实住着不舒服。不过，马先生，您放心，这套房子绝对不会存在这样的问题。

客户： 是吗？难道这种朝向的房子还能晒到太阳？

楼盘销售人员： 是的，马先生。今天咱们过来得有些晚了，所以房间里比较阴暗。如果咱们早一点过来，肯定能享受到充足的阳光。昨天上午，我带一位客户来看过这套房子，当时阳光正好晒到您现在所站的这个位置。

客户： 是吗？你可不要骗我啊？

楼盘销售人员： 马先生，这种事情是骗不了人的。不是所有朝北的房子都晒不到太阳，这套房子在22层，周边没有遮挡物，阳光很容易照射进来。而且，开发商当初设计时已经考虑到了这个问题，建筑朝向并不是正南正北的，而是存在一个角度偏差，上午11点到下午3点，太阳就能晒进来，正好可以照射到整个阳台和大半个卧室。

客户： 哦……

楼盘销售人员： 如果您还不放心，明天上午我再带您过来看看，到时不就都清楚了吗？

客户： 好的，那明天咱们再过来看看吧。

当客户说房子的朝向不好时，楼盘销售人员先对客户的异议表示了理解和认同，然后从专业的角度，解除了客户的疑虑。客户担心朝北的房子整天晒不到太阳，楼盘销售人员则用实例消除了客户的疑虑……相信，有了这样的沟通，客户的疑虑很快就能够打消了。

SCENARIO ANALYSIS
技／巧／展／示

∨

朝向影响着房子的采光和通风，因此也就成了客户购房的重要参考指标之一。从传统观念上来说，南北朝向为正，东西朝向为偏，朝南的房间为正房，大部分客户在选房子时都会选择朝南的户型。但是，由于土地和建筑等客观条件的限制，不可能所有的户型朝向都是朝南的。因此，客户在看房时，难免会提出朝向方面的异议。这时候，该如何应对呢？

1. 多理解、多认可

当客户提出朝向异议时，楼盘销售人员首先应该对客户的异议表示理解和认同，然后再将正确的购房理念告诉客户，比如，告诉客户买房不能只看朝向，应该综合考虑楼层、格局、采光、通风、景观、价格差异等各方面的因素。

2. 将房源的好处告诉客户

做到第一点后，如果客户对朝向的异议不像之前那么强烈了，楼盘销售人员就要立刻结合客户的实际情况，把房源的优点和卖点介绍给客户。

介绍时，要告诉对方：这套房子为什么适合他？购买这套房子对他有什么好处和利益？听完你的介绍后，如果客户表现出了一定的购买意向，就要乘胜追击，争取先让客户预交一部分定金。

五、客户说这里的环境不好，如何应对

每个客户对环境的要求是不一样的，如果新楼盘的环境没有满足客户的需求，客户通常都会说，这里的环境不好。其实，具体环境好不好，不同的客户会有不同的理解。对于这样的客户，要具体问题具体分析，要巧妙应对。

情景再现 1

楼盘销售人： 您感觉这房子怎么样?

客户： 房子是不错，可是周边的环境太杂乱了。

楼盘销售人员： 这里属于郊区，规划自然不如市中心好，但也不算很杂乱啊。

客户： 反正是不理想。

楼盘销售人员： 可是，这里房价便宜啊。

客户： 我们再看看吧。

楼盘销售人员： 周围这些建筑迟早都要拆迁重建，到时候就不会杂乱了。

情景分析 / SCENARIO ANALYSIS

案例中，客户嫌周围的环境不好，可是销售人员却说"这里属于郊区，规划自然不如市中心好，但也不算很杂乱啊"。这种回答并没有对客户的异议作出有效的解释，是无法说服客户的。

在听到客户提出房子的异议后，销售人员企图用价格优势来弥补，于是就说"可是，这里房价便宜啊"。这也是非常不明智的。即使这一点确实是事实，也不能直接说出来，否则客户会觉得在你眼里他是个贪便宜或缺乏实力的人。

情景再现 **2**

楼盘销售人员：冯先生，您觉得这套房子怎么样？

客户：房子是挺不错的，就是周边的环境太杂乱了。

楼盘销售人员：冯先生，这一点您不用担心，这种杂乱情况只是暂时性的。这片区域属于新城规划区，未来 3~5 年里，这些周边的建筑都会拆掉重建，届时这里将变成一个新的住宅区，其他配套设施都会逐渐得到完善。

客户：真的吗？

楼盘销售人员：我哪能骗您呢？电视和 ×× 报纸上对此事都有过报道，如果您不信可以回去查查。

客户：可是，住在这里日常生活不方便啊。

楼盘销售人员：冯先生，这一点您就更不用担心了，待会儿我带您在小区周围转转。这里什么都不缺，菜市场、便利店、饭店、美容美发店、洗浴中心等一应俱全。还有，这里的物价比市中心要便宜很多，在生活花费方面可以省下不少钱呢。

情景分析 / SCENARIO ANALYSIS

　　案例中，当发现客户不满意这里的环境时，销售人员说出了这样的话："冯先生，这一点您不用担心，这种杂乱情况只是暂时性的。这片区域属于新城规划区，未来三到五年里，这些周边的建筑都会拆掉重建，届时这里将变成一个新的住宅区，其他配套设施都会逐渐得到完善。"用未来的规划来消除客户的异议无疑是个明智的选择。为了增加可信度，表达时可以举一些事实和证据。

SCENARIO ANALYSIS
技／巧／展／示
∨

环境，是人们购房时考虑的一个重要因素，因此一定要重视起来。如果发现客户对所在的小区环境提出了异议，如果发现客户嫌这里的环境不好时，就要巧妙应对了。

1. 多讲讲小区的优点和好处

通常情况下，和市中心的楼盘比较起来，市郊的楼盘在市政配套方面会显得相对落后一些，尤其是小区周边，由于还没有完全规划，就会显得比较杂乱。

当客户提出这方面的异议时，楼盘销售人员就要多向客户描述一些小区的优点和好处。比如，小区位于市政规划区内，周边的建筑很快就会被大规模拆迁重建；小区内配备了完善的生活设施，各种体育器材齐全，完全能够满足居民的正常生活需求；房价比市区便宜，而且升值潜力巨大；物价没有市区高，能为客户节省不少日常生活开支等。

2. 描述一下小区未来的美好景象

为了给客户营造一幅美好的生活场景图，在向客户介绍时，楼盘销售人员可以用一些生动、形象的语言，把小区未来的美好景象描绘出来，比如：兴建公园、大型超市、金融中心等。当客户产生了美好的想象时，就会对未来充满希望，对小区的偏见也会少一些，这样对于消除客户的异议是非常有利的。

六、客户不喜欢现有的户型，如何应对

每个人喜欢的户型不一样，在不同的时期购房的户型也会不一样，当看到的房子是客户不喜欢的户型时，该如何应对呢？这时候，就要掌握一定的方法技巧了。

情景再现 1

客户： 这房子的户型不好，浪费面积，不好装修。

楼盘销售人员： <u>开发商当初这样设计肯定是有他的道理的。</u>

客户： 有什么道理？

楼盘销售人员： <u>这个我们就不知道了。</u>

情景分析 / SCENARIO ANALYSIS

案例中，当客户提出不喜欢这样的户型时，销售人员说："开发商当初这样设计肯定是有他的道理的。"这样回答，客户就会觉得，你是在敷衍他，不仅对消除客户的异议没有任何作用，而且还容易引发客户的不快。

情景再现 2

楼盘销售人员： 吴先生，您觉得这套房子怎么样？

客户： <u>感觉户型不太好，走道太长了，浪费面积。</u>

楼盘销售人员： 嗯，您说得很对，走道确实有点长。不过，这并不是什么大问题，只要稍微改动一下，这个问题很容易解决。

客户： 哦，是吗？怎么改？

楼盘销售人员： 您看，这种户型的房子一般都有两个卫生间，外面的卫生间完全没必要占这么大空间，您可以把邻近客厅的这堵墙向前移一下，这样不仅客厅的空间变大了，走道也没那么长了。

客户： 是吗？这样改行吗？

楼盘销售人员： 可以。小区里的很多业主都是这样装修的，效果非常好。

情景再现 **2**　　　　**客户：**哦，那我打听打听，看看效果如何。如果真行，这房子我就买了。

情景分析 ╱ SCENARIO ANALYSIS

　　当知道客户不喜欢房子的户型时，销售人员先对客户表示认同，然后告诉客户问题不难解决；之后，还针对客户的异议提出了改造建议。最后，为了增强说服力，还举了几个其他业主装修的例子。不可否认，这样的沟通才是正确有效的。

SCENARIO ANALYSIS
技 ╱ 巧 ╱ 展 ╱ 示
∨

　　对于现有的户型，客户很可能会感到不满意，遇到这样的客户该如何应对呢？优秀的楼盘销售人员通常都会这样做。

1. 给客户提供一些建议

　　在开发楼盘时，为了将每一寸空间都充分利用起来，很多开发商都会设计出一些不规则的户型，这样就给客户带来了很多的不便，比如，走道过长，浪费房屋面积；户型不正，不好装修；客厅太小，住着太憋闷等。当客户发现这些问题并提出异议时，一定不要掩饰和欺骗客户，可以给客户提供一些弥补原始户型缺陷的方法和建议。当客户觉得你的方法可行时，也就接受你的房子了。

2. 不要将自己的想法强加给客户

　　户型改动是一件非常专业的事，需要在专业装修设计师的指导下进行。因此，楼盘销售人员只能向客户提供改动的建议，千万不要试图将自己的想法强加给客户。每个客户都有自己的想法，对于楼盘销售人员的建议也会认真考虑，只有找到最适合自己的，他们才会实施。强迫客户接受你的建议，不仅会引起客户的不满，还会让客户对楼盘产生负面感受，客户很容易因为厌恶你而厌恶你所销售的楼盘。

3. 借用其他客户的案例加以说明

在向客户提供改造建议时，为了显示其可操作性、增强说服力，楼盘销售人员可以引用其他客户的案例作为说明，比如，告诉客户自己的某位客户就请设计师做过类似的改动，改动以后效果非常好；如果小区里正好有客户进行相关的改动，也可以主动和该业主取得联系，带着客户过去看看，让客户多一些感性的认识。

七、客户想要多看看货比三家，如何应对

不管购买什么商品，客户一般都喜欢货比三家，最终选取自己认为最理想的。对于这样的客户，一定要做好引导，否则客户比来比去，看得多了、眼花缭乱，很可能就会流失掉。

情景再现 1

客户：我想比较比较再做决定。

楼盘销售人员：行，您自己多比较一下。要不，我跟您一起去去看房，以便帮您参谋。

情景分析 / SCENARIO ANALYSIS

当客户提出想货比三家时，销售人员说："行，您自己多比较一下。要不，我跟您一起去去看房，以便帮您参谋。"这种做法是消极应对的表现，只会出现这样两种结果：客户喜欢的房子被其他客户买走，客户找到其他更中意的房子。不管是哪种结果，最后郁闷的都是楼盘销售人员。

情景再现 2

楼盘销售人员：刘先生，您觉得这套房子怎么样？

客户：还行吧。

楼盘销售人员：如果您觉得没什么问题，我们今天就把房子定下来吧？

客户：不着急，我想比较比较再作决定。

楼盘销售人员：刘先生，您是不是在其他地方也有看中的房子？

客户：是，我前两天在××房产公司看过一套房子，和这套差不多，我想再比较比较。

楼盘销售人员：哦，是吗？是什么小区的房子？

客户：XX小区，其他方面还可以，就是小区小点。

楼盘销售人员：这个小区我知道。××小区的户型也挺不错，地理位置也好，交通方便，周围还有几个大型商超。不过，正如您刚才所说，那个小区确实是小了点，活动空间太少。

还是找一个大点的小区比较好，方便家人四处活动。

客户：嗯，我也是这么想，所以当时没有马上定。

楼盘销售人员：我觉得这套房子挺适合您的，位置好，楼层好，户型好，而且社区面积大，环境和配套设施也不错。

客户：嗯，就是不知道价格方面能不能再优惠点儿？

楼盘销售人员：刘先生，这个价格已经够优惠了。您看，对面的××小区，房子比这边旧，配套设施比不上这边，现在每平方米都卖到9 000元了。

情景分析／SCENARIO ANALYSIS

案例中，销售人员先了解到，客户在其他房产公司也看到自己想要的房子，只是由于某些因素未能成交。接着，向客户坦诚竞争房源的优点和缺点。最后，对客户提出建议，目前所看的这套房子才是最佳选择。不可否认，这样的应对之道才是正确的。如果直接顺着客户说，客户很可能就会购买前面看过的房子了。

SCENARIO ANALYSIS
技／巧／展／示

V

购物的时候，客户一般都喜欢货比三家，面对这样的客户，该如何应对呢？

1. 了解客户想要比较的原因

客户虽然对现在所看的房子很中意，但还想再比较一下，不外乎有这样三个原因：客户在其他楼盘也看到了比较中意的房子，只不过价格还没有谈拢；客户比较谨慎，想再看几套，多比较比较；客户在观望市场行情，还没准备出手。要想对客户作出正确的应对，首先就要多和客户沟通，了解具体的原因。

2. 不同的原因区别对待。

如果客户想货比三家，一定不能任由客户去比较，否则很容易错失成交的良机。正确的做法是，先引导客户说出想要比较的原因，然后针对不同的原因进行相应的化解。

（1）客户在其他楼盘也看到了比较中意的房子，只不过价格还没有谈拢。

遇到这样的客户，首先引导客户说出竞争房源的相关信息，接着肯定竞争房源的某些优点，最后要以客观的态度将竞争房源的不足之处告诉客户。

（2）客户比较谨慎，想再看几套，多比较比较。

遇到这样的客户，要向客户强调房源的紧俏性，告诉客户：如果不抓住时机，就有可能被其他客户捷足先登了；等到他想买的时候，房子可能已经没有了。

（3）客户在观望市场行情，还没准备出手。

遇到这样的客户，要从专业角度向客户分析市场情况，让客户觉得现在正是买房的好时机。一旦发现客户有所动摇，就要立即把握机会，促使客户尽快做决定。

八、看到楼价下跌，客户买房犹豫不决，如何应对

最近一两年，有些城市的房价出现了下跌的迹象，因此很多人在买房时，都会变得犹豫不决，担心自己今天买了房子、明天就降价。不可否认，客户产生这样的想法也是非常正常的，只要巧妙应对，完全可以将客户的顾虑打消掉。

情景再现 1

楼盘销售人员：房子看了好几套了，您准备何时下定？

客户：现在调控这么严，房价肯定会降的，我还是等段时间再说吧。

楼盘销售人员：买房就像买股票，永远不可能在最低点买入，在最高点抛出。

客户：我还是想再等等看。

情景分析／SCENARIO ANALYSIS

当客户看到楼市下跌时，在购房时就显得有些犹豫不决，直接告诉客户："买房就像买股票，永远不可能在最低点买入，在最高点抛出。"这种说法，虽然有一定的道理，但却无法真正说服客户。

171

情景再现 2

客户：小曲，你觉得明年的楼市会是什么走势？

楼盘销售人员：从目前的情况来看，虽然楼市比以前有所走低，但买房的人还是很多，估计房价不会有太大的降幅。

客户：这么说，房价有可能往下降？

楼盘销售人员：只能说有这种可能，但即使降也不会降到哪里去新的救市政策不断出台，楼市极有可能会出现反弹。

客户：哦，既然房价还有可能再降，那我还是等段时间再说吧。

楼盘销售人员：这得看您买房子用来干什么。如果是为了投资，建议您还是不买；如果是自己住，现在应该是不错的机会。

客户：哦？如果房价又跌了，我岂不是买亏了？

楼盘销售人员：赵先生，您想一想，10年前在市中心买一套房子每平方米需要多少钱，5 000元足够。现在，在同样的位置买一套房子需要多少钱，1万元都买不到。可见，从长远来讲，房子始终是处于升值状态的。计算一下，如果您10年前就买了房子，现在可以赚多少呢？

客户：但是，如果明年房价再跌点，我不是赚得更多吗？

楼盘销售人员：房价具有很大的不稳定性的，在过去的10年中，房价不也是时涨时跌吗？所以，想在最低时买入只是一种可能，更何况明年房价还有可能上升呢。您说呢？

客户：那倒也是。

楼盘销售人员：其实，买房子关键在于把握时机，相中了一套好房子，就要赶快出手，否则过了这个村就没有这个店了。所以，只要觉得合适，就应该及时抓住机会。

在回答客户的提问时，这个楼盘销售人员体现出了自己的专业性，给客户留下了深刻的印象。当客户因房价而犹豫不决时，为了消除客户的疑虑，既可以说一些长期持有房产的可保值、增值，也可以说一下房价升跌的不稳定性。一旦发现了时机，就要建议客户作决定。

SCENARIO ANALYSIS
技／巧／展／示

∨

国家的调控政策对房价的走势和房屋的买卖发挥着巨大的影响作用，因此当客户看到国家出台房产新政策后，就会对未来房价下降抱有很大的期望，并在买房问题上持观望态度。其实，无论楼市行情如何变化，买房者依然众多，客户想在最低点买入只是一种理想状态。那么，遇到这样的客户时，我们该如何应对呢？

1. 不要刻意回避

楼盘销售人员在接待这一类客户时，千万不能刻意回避国家政策对楼市的影响。相反，还应该开诚布公地同客户聊一聊国家政策给楼市带来的影响；然后，要从长线投资或持有物业的角度让客户明白，此时买入是非常合适的、划算的。

2. 直击客户痛点

不管房价将来是涨是跌，客户的需求总是存在的。也就是说，要想成功破解政策对客户的影响，最关键的还是要抓住客户的需求，之后通过适当的方法刺激客户的"痛点"，让其感受到自己对房屋的迫切需要，促使其作出决定。

09 PART

灵活机动排除客户异议

客户异议是在营销过程中经常会出现的问题，只要采用正确的方法，完全可以将这些异议巧妙排除掉。比如，赞同客户的意见，提出相反的观念；巧妙指出客户存在的问题；间接反驳客户的异议，不要发生正面冲突；忽视异议，快速引开话题等。当你能够做到这些时，客户的异议也就不攻自破了。

一、赞同客户的意见，提出相反的观念

面对客户的异议，其中一个有效的方法就是，先赞同客户的意见，之后提出相反的观念。客户既然提出了自己的意见，肯定有自己的想法，千万不能直接否定对方。

情景再现 1

客户：这个房子靠近活动场地，夏天肯定很吵……

楼盘销售人员：怎么会？

客户：夏天吃完饭后，人们肯定会出来遛弯，这里也会成为人员聚集地，只要开着窗户，就没法睡觉。

楼盘销售人员：我还没有听说过。

情景分析／SCENARIO ANALYSIS

案例中，针对临近活动场地的问题，客户提出了自己的问题：夏天肯定会很吵。这是一个很明白的问题，楼盘销售人员却在这里假装不知，就有点不合情理了。

情景再现 2

客户：这个房子靠近活动场地，夏天肯定很吵……

楼盘销售人员：怎么会？

客户：夏天吃完饭后，人们肯定会出来遛弯，这里也会成为人员聚集地，只要开着窗户，就没法睡觉。

楼盘销售人员：也是。可是，想想看，靠近活动区域，每天早上都可以出来锻炼，就相当于自己家里多了一块锻炼身体的地方。

客户：也对。可是，夏天肯定会受不了的。

楼盘销售人员：如果夏天您担心太吵，可以关上窗户，买个空调。或者，你们买个楼层高一点的……

客户：这是个解决问题的好方法。

情景分析／SCENARIO ANALYSIS

面对同样的问题，这则案例中的销售人员，先肯定了客户的意见，然后又给客户提出了自己的建议。直至客户最终接受自己的建议。这样做，不仅不容易让客户出现抵触情绪，还容易让客户接受你的意见，何乐而不为呢？

SCENARIO ANALYSIS
技／巧／展／示
∨

先赞同客户的意见，然后再提出自己的意见，其实就是所谓的"间接否认法"。在表达不同意见时，聪慧的销售人员都会运用"是的……如果"的句法，软化不同意见。这里，用"是的"表示肯定客户的意见，用"如果"表达是否另一种状况比较好。那么，如何正确使用这种方法呢？在使用这种方法时，通常应注意以下几点。

1. 自然转折

"是的……如果"是一个典型的转折句，为了消除客户的反感，转折的时候，要自然一些，尽量不要使用"但是"一词。"但是"等字眼语气过于强烈，容易让客户觉得，销售人员说的"是的"并没有多大诚意，强调的是"但是"后面的诉求。因此，使用"但是"时，要多注意一些，要自然一些。

2. 理由充分

在反驳客户时，如果想提高说服力，就要提出充分的理由，做到有理有据。通过摆事实，讲道理，使客户真正理解和接受你的观点和意见。

二、巧妙指出客户可能存在的问题

在买房这件事上，客户都会有自己的想法，可是这些想法里很可能存在一定的问题，一旦发现，就可以直接给他们提出来，供他们参考。这样，客户就会觉得，你确实是在为他们考虑，对你的防御心理也会减少一些。

情景再现 1

客户： 这里离我上班的地方太远了，开车差不多得40分钟。

楼盘销售人员： 您在哪里上班？

客户： ……

楼盘销售人员： 时间没有您说得这么长。您不知道吗？这里7月份要开通一趟快速公交，到您上班的地方很快的，不堵车。

客户： 真的吗？你可不要骗我啊。

楼盘销售人员： 您可以去打听打听，很多人都是冲着快速公交在这里买房的。

情景分析 / SCENARIO ANALYSIS

销售人员发现客户在计算路程的时出现了问题，提出了自己的想法：

这里马上就要开通快速公交了，速度很快，不堵车。这样，就将客户的错误认识纠正过来的。事实证明，这确实是一种排除异议的好方法。

情景再现 2

客户：这里离医院有点远，我们家里有老人，如果老人出现什么状况，不方便去医院。

楼盘销售人员：您还不知道吧？我们的楼盘和市第二医院有长期合作关系，每隔一段时间，第二医院就会来给小区老人免费体检，能够帮老人及早发现问题。

客户：真是这样吗？

楼盘销售人员：是的。这次开盘的是第二期，在第一期的业主，很多人已经享受到这项福利了。

客户：看来还不错。

楼盘销售人员：虽然小区距离医院的距离没有达到您的要求，可是有了这道提前的保障，可以提早发现问题，早做准备。

客户：是的。

情景分析 / SCENARIO ANALYSIS

案例中，客户觉得，小区离医院不太近、不方便老人就医，可是销售人员却直接指出了客户的问题：与其得病搞得自己措手不及，不如提前预防。有了这样的保障，客户自然就会对小区多一些信任。

SCENARIO ANALYSIS
技／巧／展／示

∨

客户提出异议时，销售人员可以直截了当地予以否定和纠正。按照一般人的观点，在销售中直接反驳客户的异议是不明智的。可是，有些情况，必须直接反驳纠正客户的不正确观点。例如：客户怀疑楼盘的服务、诚信等时，客户引用的资料不正确时等。

当然，直接将客户存在的问题指出来，也是与客户的正面交锋。在运用时，销售人员必须注意以下几点。

1. 态度要委婉

在直接反驳客户时，如果想避免触怒客户或引起客户的不快，要态度诚恳，面带微笑，千万不要意气用事，更不能责备客户。如果态度强硬，很容易丢失客户。

2. 灵活处理语言

同样的语言，不同的人说出来，会产生不一样的效果，因此要想让客户接受你的意见，就要多注意语言技巧，选择合适的语言。

3. 对事不对人

如果发现客户说出的言论确实不正确，也只能对这件事进行驳正，千万不能伤了客户自尊。处理问题，要对事不对人。

4. 选择合适的人群

这种方法适用于气量大、灵活的客户，如果发现客户比较固执、气量狭小，最好不要使用这种方法。

三、间接反驳客户的异议，避免正面冲突

如果客户提出的异议确实存在一定的问题，或者不合理，也可以进行反驳，但最好采用间接的方式。这样，一则可以为自己留有余地，二则也不会拨了客户的面子。采用迂回一点的方式，客户可能会更容易接受。

情景再现 1

客户：主卫没窗户，不透气。

楼盘销售人员：是的，明卫肯定比暗卫好。但是您看我们的定价，主卫是明卫的房子，每平方米要贵200多元，150平方米的房子就要贵3万多元。

客户：就是。

楼盘销售人员：再说，现在的房子不像原来的老房子，我们的卫生间都有竖道通风管道，从另一方面讲，暗卫的私密性还好些。

情景分析／SCENARIO ANALYSIS

当客户纠结于明卫、暗卫时，销售人员通过间接的方式，肯定了暗卫的优势。这样，就有效避免了冲突，更易于客户接受。

情景再现 2

客户：130平方米的房子，一般都是两卫吧，你们怎么只有一个？

楼盘销售人员：两个卫生间确实方便一些，可是却占空间。如果空出卫生间的位置，做一个书房，是不是也很好？

客户：确实也是。家里人不多，要那么多卫生间没用。

楼盘销售人员：而且，卫生间发阴，有一个够用就行。

客户：对。

情景分析／SCENARIO ANALYSIS

对于客户提出的问题：卫生间个数，销售人员分析了利弊，提高了说服效果。很难想象，如果为了这个问题，和客户整个你死我活，会是什么结果？

SCENARIO ANALYSIS
技/巧/展/示
∨

当客户提出的异议有事实根据时，强行否认事实是不明智的。可以给客户一些补偿，让他取得心理平衡，让他产生两种感觉：产品的价值等于价格、产品的优点对客户是重要的。

1. 不要直接反驳客户

世界上任何一种商品都不是十全十美，客户通常都希望产品的优点愈多愈好，但是真正影响其购买决策的关键点其实并不多。任何一种产品都不可能在价格、质量、功能等方面都具有绝对的优势，客户提出异议，有时确实有其合理的一面，如果一味地去反驳，很容易引起客户的反感。所以，如果客户的反对意见确实切中了楼盘的缺陷，千万不要回避或直接否定。明智的方法是，先肯定缺点，然后淡化处理，利用产品的优点来补偿甚至抵消这些缺点。

2. 不要滥用这种方法

使用这种方法，客户就会认识到，楼盘虽然存在一定缺陷，但是也具有独特的优势，总体来说还是比较划算的。这样，客户就不会太在意那一点美中不足了。可是，在这个过程中，楼盘销售人员只能承认真实有效的异议，不要滥用这种方法，更不能不加区别地肯定客户提出的异议；一旦让客户产生了误会，很可能会使原本无效的异议演变成有效异议。

四、巧妙转化客户异议

在日常生活上，别人劝你喝酒，如果说你不会喝，对方立刻就会回答："就是因为不会喝，才要多喝多练习。"当男孩想邀请女朋友出去玩，而女朋友推托心情不好不想出去时，男孩就会说："就是心情不好，所以才需要出去散散心。"同样，对于客户的异议，最好的处理方法就是将其转化。这样，就可以为客户找到更加有利于他的地方。

> **情景再现 1**
>
> **客户：**每平方米 7 600 元，太贵了，上个月你们还只买 7 300 元，怎么涨得这么快啊？
>
> **楼盘销售人员：**<u>正因为涨得快，您才要赶快买呀，越往后价格就越高了。</u>
>
> **客户：**能不能便宜点？
>
> **楼盘销售人员：**<u>地铁马上就修过来了。再不买，就更贵了。</u>

情景分析／SCENARIO ANALYSIS

案例中，当客户提出，房价太贵时，楼盘销售人员提出：地铁马上就修过来了。很好地转化了客户的异议，充分地调动起了客户的积极性，将客户异议中的消极因素转化成了积极因素，取得了较好的销售效果。

> **情景再现 2**
>
> **客户：**房子确实不太贵。
>
> **楼盘销售人员：**<u>就当投资吧，一两年后涨了，再卖出去。</u>
>
> **客户：**这里的商业气氛还不够，哪来的投资价值啊？
>
> **楼盘销售人员：**<u>正因为现在商业气氛不够，您才要赶快买啊，否则等到边上几个项目也竣工了，那这个价钱就买不到了。要知道，投资就是为了买升值潜力。</u>

情景分析／SCENARIO ANALYSIS

当客户提出某些不购买的异议时，楼盘销售人员立刻回复："这正是我认为您需要购买的理由。"也就是楼盘销售人员能立即将客户的反对意见，直接转换成他必须购买的理由。

┌─────────────────────────┐
│   SCENARIO ANALYSIS   │
│   技／巧／展／示   │
└─────────────────────────┘
          ∨

巧妙地把客户的购买异议转化成客户购买理由是一种非常有效的异议处理方法。一方面，能够使楼盘销售人员正视客户异议，有利于跟客户建立良好的合作关系；另一方面，可以充分地调动客户的积极性，转化客户异议中的消极因素为积极因素，取得较好的销售效果。

可是，如果楼盘销售人员直接利用客户的异议进行转化处理，会使客户认为你比较圆滑。一旦客户觉得，自己好像被人给利用、愚弄了，就会产生反感，甚至恼怒，导致推销失败。因此，采用这一方法处理客户异议时，要注意以下几个问题。

1. 态度诚恳一些

在运用这种方法时，不能因为觉得自己找到了一个变被动为主动的方法就洋洋自得，否则很容易破坏沟通气氛。在跟客户沟通时一定要做到态度诚恳，要采用正确的方式，使用的语言也要自然。

2. 正确区分异议中的合理部分

这种方法利用的是客户的异议，但并不是所有的客户异议都可以用来转化成促进成交的因素。在这里，之所以要肯定客户异议的客观性、合理性，目的是利用异议中正确的部分和积极的因素。对于消极、错误的客户异议，可以采用其他的处理方法。因此，不能毫无顾忌地对客户的异议全部加以肯定，应该在分析与判断的基础上，肯定客户异议中的正确部分。

3. 向客户传递正确的信息

在运用这种方法时，不仅要正确分析影响成交的各种环境因素，还要对影响客户购买的各项因素进行有效的分析，将客观的、真实的、预测正确的信息传递给客户，绝不能为了推销楼盘不负责任地向客户传递虚假信息，更不能误导客户、欺骗客户。

五、忽视异议，迅速引开话题

如果客户提出了自己的异议，也可以忽略不管，以最快的速度转移话题。这样，当客户跟着你的话题走时，客户的异议也就不攻自破了。

情景再现 1

客户： 只要你给我 10% 的折扣，我今天就下单。

楼盘销售人员： 如果您买三套，我一定帮您向公司申请，您认为怎样？

客户： 呵呵。

楼盘销售人员： 我们这个小区，不仅交通方便，还临近小学，方便孩子上学。

客户： 是，对面就是小学。这也是我相中的一点。

楼盘销售人员： 那您还有什么可犹豫的？

情景分析／SCENARIO ANALYSIS

有些客户的反对意见只是为了反对而反对，或者为了表示自己的见解比别人高，或者仅仅是为了拒绝购买的一种借口。这时，楼盘销售人员就可以采取忽视法，对客户提出的异议不予理会，不要在这方面浪费太多的时间。

这些异议不是真正的反对意见，即使把异议消除了，也不会达成最终的成交。楼盘销售人员对于这类异议就可以装作没看到，也可以托词说后面再讨论。也许，随着沟通的进一步发展，客户就不再坚持了。

情景再现 **2**

客户：能不能便宜点，我刚买了车，经济上有困难。

楼盘销售人员：那您看，是否按揭付款呢？现在贷款买房很划算，房子是固定资产，今后一定会升值，而且您要是现在按揭，我们可以给您一个9.8折的优惠。

客户：才9.8折？

楼盘销售人员：您买的是什么车？

客户：奥迪。

楼盘销售人员：不便宜吧。

客户：嗯，20万元呢？

楼盘销售人员：这款车和我们这个小区很搭配。

客户：……

情景分析 / SCENARIO ANALYSIS

当发现客户纠结在价格上时，销售人员快速转移了话题。将话题转移到了汽车上，这样客户的注意力被慢慢吸引过来。

SCENARIO ANALYSIS
技／巧／展／示

Ⅴ

事实证明，忽视客户的异议也是一种有效解决异议的好方法。当客户提出的一些反对意见跟眼前的交易扯不上直接关系时，只要面带笑容地表示同意就可以了。那么，具体来说该如何做呢？

1. 使用正确的方法

对于一些"为反对而反对"或"只是想表现自己的看法高人一等"的客户意见，如果认真处理，不仅浪费时间，还很可能会旁生枝节，因此，只要满足了客户的表达欲望，就可以迅速地引开话题。

在运用这种方法时，可以用以下方式来化解客户异议：微笑点头，直接说"同意"或表示"听了您的话""您真幽默""嗯。真是高见。"等。

2. 注意事项

使用这种方法时，要谨慎，否则会对楼盘的销售造成不利影响。尤其是，这种方法不能经常针对于同一个客户，因为当客户再度提出以前的反对意见时，就表明他对你的产品产生了浓厚的兴趣，他的反对很有可能就是实质性的问题。如果楼盘销售人员不理不睬，或者不能回答，很有可能激起客户的怒气，即使以前想买，现在也不买了。

六、机智设问，留住转身要走的客户

当客户对你介绍的楼盘不感冒时，很可能就会转身离开。这时候，就要想办法，设置一些提问，将客户的注意力吸引过来。如此，才不会让自己的客户流失掉。

> **情景再现 1**
>
> **客户：**你们的户型结构好像并不怎么样。
>
> **楼盘销售人员：**那您觉得我们的户型结构在哪方面不好呢？
>
> **客户：**客厅太大了。
>
> **楼盘销售人员：**除了这个，还有别的吗？
>
> **客户：**别的都还行。
>
> **楼盘销售人员：**客厅是一个家庭的公共活动区域，还是您会客的场所。难道您愿意在一个狭小的客厅里接待客户，或者让一家人挤在一起看电视吗？

情景分析 / SCENARIO ANALYSIS

案例中，当客户提出"客厅太大了"时，销售人员立刻提出了自己的提问。不可否认，这样的设问是可以发挥一定效力的。

情景再现 2

> **客户：** 你们的小区好像太靠近公路了，不好。
>
> **楼盘销售人员：** 那您觉得我们的楼房在哪方面不好呢？
>
> **客户：** 公路上车太多，又脏有吵。
>
> **楼盘销售人员：** 除了这个，还有别的吗？
>
> **客户：** 别的都还行。
>
> **楼盘销售人员：** 靠近公路，出行方便。如果在犄角旮旯里，您每天出门的时候都会很不方便。整天在小区门口就堵车，是不是很闹心？

情景分析 / SCENARIO ANALYSIS

　　案例中，客户不满意于"小区靠近公路"，可是销售人员却巧妙地提出了自己的疑问："如果在犄角旮旯里，您每天出门的时候都会很不方便。整天在小区门口就堵车，是不是很闹心？"相信，听了这样的话，客户的心都会产生共鸣。这样，也就能够成功留住客户了。

SCENARIO ANALYSIS
技／巧／展／示

　　对于销售人员来说，有一句非常珍贵的话，就是"为什么？"当你问客户"为什么"时，客户必然会作出以下反应：必须说出自己提出反对意见的理由，必须说出自己内心的想法，必须再次检视自己提出的意见是否妥当……这样，楼盘销售人员就能听到客户真实的反对原因了。并且，通过询问，还可以直接化解客户的反对意见。因此，当发现转身就要离开时，完全可以通过提问的方式，对客户作出积极的引导。

七、积极主动，预防客户异议

如果想有效应对异议，其中一个重要的方法就是，做好预防。提前打好了预防针，异议出现的可能性就会大大降低了。

情景再现 1

客户：月供 6 000 元我负担不起。

楼盘销售人员：6 000 元超出您的预算了是吗？

客户：有点。

楼盘销售人员：那这样，我给您重新制订几个置业计划，您觉得月供在多少范围内能接受呢？我会根据您的需要为您重新制订，直到您满意。

情景分析 / SCENARIO ANALYSIS

案例中，为了解决客户的异议，楼盘销售人员提出，给他重新制订一份置业计划。这样，就有效地防止了客户再次提出异议。由此可见，积极预防异议也是一种不错的好方法。

情景再现 2

客户：你们公摊太大了。

楼盘售楼人员：先生，我想您可能误解了。我们这是高层住宅，一般高层住宅的公摊率都达到 80%，而我们这儿只有 15%。当然，小高层或多层，公摊率会相应低一点儿。

189

案例中，当客户提出"公摊费用太多的问题"时，楼盘销售人员巧妙作出了应对。为了增强说服力，还是用了具体的数据。事实证明，这种方法对于排除客户的异议是非常有效的。

SCENARIO ANALYSIS
技／巧／展／示

∨

任何问题的出现都可以提前做好预防，客户异议也是如此。因此，如果想将客户的异议及时排除掉，就要做好预防的准备。

1. 提前做好接近准备

客户异议是客户对于销售人员及其产品的必然反应，在楼盘销售过程中，客户通常都会提出各种各样的购买异议。为了有效地预防各种客户异议的出现，必须认真进行接近准备，对有关的客户异议进行科学预测。

在寻找客户、审查客户资格、接近准备、接近客户和推销面谈等过程中，不仅要认真收集相关资料，还要认真观察客户的心理变化和行为反应，更要认真分析客户可能提出的各种异议，直至制定出处理有关异议的预防措施。

2. 直接开展重点推销

客户异议是成交的直接障碍，要想有效预防异议的出现，就要直接诉诸客户的购买动机，将楼盘的利益和推销重点直接陈述出来，重点进行推销，积极进行推销提示和推销演示，为客户提供更多的推销信息。

3. 尊重客户个性

预防客户异议出现时，楼盘销售人员要尊重客户的个性，选用一定的处理策略，讲究推销的礼仪，不要直接冒犯客户。当客户从你那里感受到尊重时，自然就会接受你，继而认可你所介绍的楼盘。

10 PART

掌握一定的技巧让客户快速成交

　　成交是个快速的过程，犹豫的时间越长、思考的时间越长，客户不买的可能性也就越大。因此，一旦发现客户有了购买的意愿，或者对所看的房子比较满意，就要使用一定的方法，促使他在最早的时间里做决定、下单。不要等着客户说，要主动引导他们下单。

一、体现户型的稀缺，制造紧张气氛

俗话说得好，物以稀为贵。如果想让客户快速下单，就可以直接告诉客户：这种户型的房子数量不多了，想买就快点。这样，客户就会生出一种紧张感，快速成交。

情景再现 1

　　客 户： 最近新开盘的楼房挺多的，我们再看一下。

　　楼盘销售人员： 行，你们再看看吧。

　　客户： 好的。

　　楼盘销售人员： 如果有什么问题，给我打电话。

情景分析／SCENARIO ANALYSIS

不可否认，像这样的回答就是不妥的。看起来似乎很好说话，其实你却将自己的客户都赶走了。这时候，完全可以采用稀缺效应，将客户留住。就像小米卖手机一样。

情景再现 2

客户： 我们还是想买三楼的，这个楼层有点高。

楼盘销售人员： 这是五楼的，其实高度还可以。

客户： 我们再看看吧。

楼盘销售人员： 你们可以考虑一下，但我们这里最低的楼层就是 5 楼的了，而且还有两个户型，如果不早点下决定，很可能等你们想买的时候，房子就没有了。

客户： 仅剩两套了？

楼盘销售人员： 是的。

情景分析 / SCENARIO ANALYSIS

很显然，上面案例里的销售人员就很好地利用了稀缺效应。心理学家研究发现，人们天生对稀缺的东西有本能地想要占有，害怕错过难得的机会就会再也得不到，即使得到也害怕会失去。所以，作为销售人员，要充分了解人们的这种心理特性，诸如"名额有限"、"最后一套"、"时间不多"这样的词汇，给购房者一种紧迫感，有效地向他们传达楼盘畅销、房屋紧俏的信息，并引导购房者觉得现在不买，就错过了最佳时机。

SCENARIO ANALYSIS
技／巧／展／示
∨

为客户介绍稀缺户型，主要是为了制造紧张气氛，无形中给购买者一种紧迫感，在楼盘优势和房源紧缺的双重压力下，即使是犹豫不决的客户也会被你说服。不过，这种策略的运用要具备三个条件。

1. 楼盘符合潮流，质量卓越

想要让宣传达到预期的效果，就不能给客户一个失望的结果，所以要做成买卖，先要保证你的楼盘足够"有料"。如果楼盘格局太过陈旧，或者没有很好的物业管理，用这种压迫式的策略反而会让客户觉得你是在故弄玄虚。

饿过劲了，就很难再对同一样东西有兴趣。新产品的价值就在于"新鲜"，处在产品周期的初级阶段，所以会更吸引人。另外，好的楼盘质量是关键，任何质量问题都会引起市场不满，一定要注意这一点。

2. 前期调查要做好

想要这种策略达到最佳效果，前期的调查一定要做好，尤其是楼盘的可容量，一定要精准测算，不能准确把握市场动向，这种策略就会马上失灵，影响饥饿反弹效果的产生。

3. 限销策略要保证有效

限销手法要找准时机，一定要在饱和之前进行，这样才能在客户身上形成饥饿效应。时机的准确把握至关重要，限销、畅销、顺销，每一步都不能错过合适的时机。否则，一旦被其他楼盘销售人员抄袭，你的饥饿策略就可能失败。

二、用刺激性的语言、举动等激发客户的情绪

有些客户在作出购买决定时，需要旁人的刺激，如果你正好遇到了这样的客户，就可以使用一些语言和举动等来激发他们的情绪。一旦他们的行为被情绪所控制，通常都会很快作出购买的决定。

情景再现 1

客户： 我们现在住的楼房是一梯四户，太吵了。

楼盘销售人员： 现在住楼房一关门，谁都不认识，怎么会吵？

客户： 我还是喜欢一梯两户的。

楼盘销售人员： 对，我也是，您真是太明智了。咱们前面看过的那个就是一梯两户的。

客户： 是的。感觉似乎还行。

楼盘销售人员： 当你们入住之后，肯定会体会到不一般的感受。

情景分析／SCENARIO ANALYSIS

　　案例中的客户，本来住的是一梯四户的房子，可是嫌太吵了，于是决定买个一梯两户的。售楼人员发现了这一点，于是肯定了对方的意见。听到"当你们入住之后，肯定会体会到不一般的感受"。客户的心理肯定会多一份肯定。

情景再现 2

客户： 我想买个一二层的，给老人住。

楼盘销售人员： 低层的没有了，只有三层以上的了。

客户： 其实，我觉得，还是买高一点的，阳光好一些，对老人身体有好处。

楼盘销售人员： 对。您的想法是正确的。

客户： 可是，我妻子还是想买一楼的。我回去再做做思想工作。

楼盘销售人员： 好的，我相信，买了刚看的 5 楼，您一定会感到满意的。

语言不仅可以加深人与人之间的交流，其暗示作用也可以影响人们的思维模式和行为习惯。销售人员最需要具备的能力，就是运用好语言，肯定性的暗示语言对销售会有很好的促进作用，在成交的关键时刻更能发挥重要作用。

比如："您难道不想立刻拥有属于自己的房子吗？""拥有"，暗示客户只要认购签协议，就可以拥有一套满意的房子；"您日后一定会觉得今天做了一个明智的决定。""明智的决定"，暗示客户买下这套房就是明智的决定；"您现在决定就是最好的时候。""现在决定"，暗示客户现在买房正是时候。

学会使用暗示性语言，不但能够引导客户跟着你的思路走，而且可以帮助你快速达成交易。因此，想要提高销售量，就要常练习用肯定性暗示语言引导客户。

```
SCENARIO ANALYSIS
技／巧／展／示
```

其实，在生活中暗示语言无处不在，比如，随处可见的广告语。一些简单好记、别出心裁的广告语总会给人留下深刻印象，当人们在一遍遍地重复见到它们时，潜意识就会被这些广告语和广告内容影响，毫不知觉地就将广告上的产品买了回去。同理，楼盘销售也离不开这种暗示效应，借助暗示性的语言，可以在客户心里留下不可磨灭的印象，看似不经意的介绍，就会对客户产生很大的影响力。那么，具体该如何使用暗示性语言来激发客户的购买欲呢？

1. 巧妙使用"当……"

与客户交流和沟通时，不要用"如果"、"假如"等假设类的词，这样客户会觉得自己不一定会买这套房。要习惯说的词是"当"，你在说"当您住进去的时候……"实际上已经把客户带到了一个情境中：这套房子已经是他的了。如此，他就不会对你的话有抵触情绪，同时还激起了客户想要占有房子的欲望。比如，"当您住进去的时候，就方便照看老人和孩子了。"

2. 多说"我们来……"

"我们来……"是很多销售高手常用的句型，使用这个词可以把销售人员拉到客户这一边，此时客户就会觉得，你所说的每一句话都是站在他的角度，不仅会减轻对方的压力，还能削弱他对你的抵触心理，再适当激发他的购买欲，订单很容易就会达成。

比如，售楼人员介绍楼盘优势："我们来看看，如果您买了这套房子，可以获得哪些生活便利……"这样说总好过"您如果买了这套房子，今后的生活会非常便利。"相同的意思，表达方式不同，客户的接受度就会不同，相信很多客户都喜欢听前一句。

3. 使用一些肯定性词语

成熟的销售人员都知道，自己的职责就是引导客户消费，绝不能对客户说模棱两可的话，更不能用否定性词语。比如，"不喜欢吗？""不买吗？"这样，会在无形中给对方否定性的暗示，等于在告诉他们："不喜欢"、"不买"。如果想让客户作出积极的回应，就要用肯定的语气给予客户正面的暗示："我相信，您一定会喜欢它的……""您选的这套房子真的很便宜……"等。

三、及时捕捉买楼的成交信号

很多时候，客户在作出最终购买决定时，都会发出一些信号，比如：语言方面的、肢体动作方面的等。楼盘销售人员一定要认真观察，洞悉这些成交信号，快速成交。

情景再现 **1**

楼盘销售人员：王先生，已经看过三套房子了，您觉得怎么样?

客户：我还是觉得四楼的那个好。

楼盘销售人员：行，那咱们去交钱吧。

客户：我先交个定金吧。

楼盘销售人员：好的。

情景分析 / SCENARIO ANALYSIS

接连带着客户看了几套房，客户心中已经有了心仪的房子，这时候，我们完全可以像案例中的销售人员一样，直接让客户下定。其实，当客户说出自己喜欢某个房子时，就是实现成交的一个好时机，一定要抓住。

情景再现 **2**

客户：房子就是有点大。

楼盘销售人员：只比你预计的多 20 平方米，住着还宽敞呢。

客户：是的，如果老人一起住，也合适。

楼盘销售人员：对，那您看你是付全款，还是……

客户：办按揭吧，先交个首付，这样不用一次投入过多。

楼盘销售人员：是的，请跟我来。

情景分析 / SCENARIO ANALYSIS

成熟的销售人员要能够准确捕捉客户发出的成交信号，否则就会前功尽弃，最终流失很多"定单"，从事房地产销售的人员更是如此。

有些客户给出的信号比较明确，我们好判断；但也有些客户，不会直接告诉你他要交钱买房了。因此，准确判断客户成交信号，是非常重要的技能。如果判断不好，时间太早进入成交阶段，就会把客户吓跑；提出成交的时间太迟，又会错失良机。虽然这个时机非常不好把握，但经过长期大量的训练和尝试，是可以准确把握适当的时机的。楼盘销售高手对客户成交信号的捕捉，就像"导弹"一样，不放过任何一个促成交易的时机。

SCENARIO ANALYSIS
技／巧／展／示
∨

当客户想要成交时，他会通过语言、行动甚至表情，向销售人员表露，通常情况下客户不会明确讲出来，这时就需要销售人员来辨别。比如，当你已经为客户介绍了他比较满意的房子，客户却打电话问家人的意见，这就是在向销售人员发出成交信号。不过，成交信号有时不会只是单纯的一种，也可能融合了几种方式。那么，具体应该从哪方面培养辨别成交信号的能力呢？

1. 客户的语言中包含着成交信号

在客户的语言中，一般都包含着成交的信号，因此一定要多留意客户的语言，比如：

客户会用话外话、反语、疑问句的形式表达自己的真实想法；

客户会重复售楼人员的话，有时不止重复一遍；

客户会重复询问售楼人员付款方式；

客户会拿别的楼盘和正在看的楼盘各方面进行对比；

客户会进一步向售楼人员询问交楼时间，并反复确认是否能按时交房；

客户会向销售人员询问楼盘的市场反馈，以及一些相关非正面报道的具体原因；

客户会向销售人员询问详细的物业管理细节；

客户会让销售人员替他保留该套房子，并告诉销售人员要考虑之后再决定；

客户会向销售人员主动要名片等联系方式，并预约联系时间。

2. 不可忽视了客户的行为表现

要通过客户行为辨别成交信号，可以使用这样一些方法。

（1）看看客户的脸颊和下巴。如果客户的手开始不自觉地触摸脸和下巴，或者架起双臂托着下巴时，就代表客户现在非常满足或喜悦，这就是他对销售人员介绍的楼盘非常感兴趣的标志，这时就可以发出试探性的成交邀请的信号。

（2）看看客户的手。如果客户合起两只手，并且轻轻地揉搓；或者客户把一只手叠在另一只手上，这个动作就表示你介绍的楼盘引起了客户的兴趣。

（3）多观察客户的眼睛。人在遇到感兴趣的东西时，眼睛通常都会睁得很大，这种行为表明他想要认真听你在说什么，如果此时销售人员讲得足够吸引人，那么客户听得越多，就越可能购买。

（4）看看客户是否友善。如果客户把你放在朋友的角度来信任，他就会突然对你展现友善的一面，他会表现得很放松：交叉双脚、把背往后靠、变得安静，或者点上一根烟并沉思，这些信息都表示这个楼盘是他喜欢的。

3. 留意客户的表情信息

客户一些表情的细微变化也可以作为交易信号，比如：放开紧锁眉头并上扬；眼睛突然很快地转动起来，似乎在思考着什么；神情变得非常轻松、活跃；客户用认真的眼神看着售楼书，或者将视线长时间集中在楼价单上。

四、主动在价格上给予一定的让步

如今，房子都很贵，如果能够给客户在价格上作出一些让步，客户一般都更愿意接受你的推荐。一旦客户在心理上觉得，自己占了便宜时，就会主动掏腰包了。

情景再现 1

客户：同样的格局，面积也一样，我们同事在另一小区买的，就比你们的便宜。

楼盘销售人员：刚才不是说过了吗？他们的小区在三环，而我们这里是二环，价格不是一个档次的。

客户：能不能便宜点啊，如果能便宜点，我就买了。

楼盘销售人员：对不起，我们一分钱都不降的，上午经理还给我们开会说这事了。

客户：那就太可惜了。

楼盘销售人员：要不就再看看，不行买个小户型的。

情景分析／SCENARIO ANALYSIS

很显然，在价格上谈不妥，这个客户就会流失。其实，既然客户都这样说了，稍微给他降一点，满足了他们的心理，他就会下单了。

情景再现 2

客户：同样的格局，面积也一样，我们同事在另一小区买的，就比你们的便宜。

楼盘销售人员：他们的小区在三环，而我们这里是二环，价格不是一个档次的。

客户：能不能便宜点啊，如果能便宜点，我就买了。

楼盘销售人员：这样吧，我去跟经理商量一下，看看您这种情况能不能优惠点儿。

客户：行，麻烦你了。

楼盘销售人员：您稍等。

（几分钟后）

客户：怎么样啊。

楼盘销售人员：我们经理说了，鉴于你的这个情况，可以给你打个 9.5 折。

> **客户：** 9.5 折，100 平方米，一万元一平方米，那就少了 5 万元呢？行，到时候我跟同事一说，她肯定会说我捡了个大便宜。
>
> **楼盘销售人员：** 嗯。

情景再现 2

情景分析 / SCENARIO ANALYSIS

客户通常都喜欢比较，当发现自己捡了大便宜时，就会心里美滋滋的。一旦他们将这个好消息告诉同事或朋友，无形中也就为你做了一次免费宣传。看起来似乎少挣了一点儿，但从长期来看，对销售还是有利的，因此当客户纠结在价格时，完全可以主动给客户一点儿优惠，吸引他快速下单。

SCENARIO ANALYSIS
技／巧／展／示
∨

买房的时候，客户一般都想让销售人员在价格上作出让步，这时候如果能够为其打一点儿折扣，或者有一点优惠，相信多半都会立刻下单。那么，如何来实施呢？

1. 给客户一定的折扣

给客户折扣是一种降价的好方法。如果房子比较贵，稍微有点折扣，就会为客户节省好几万元。这样，客户一旦发现自己捡了个大便宜，自然就会快速下单。

2. 给客户一定的优惠

比如，买一赠一，买一套房子，送一个几平方米的小阁楼；买房送停车位，买房送物业费……这样，也会为客户省下一大笔钱。一旦客户心动，成交的可能性就大了。

五、强迫客户只会将客户吓跑

任何强迫人的行为都是不可取的，尤其是在购房这件事上。不管客户提出什么问题，都要认真解答、耐心对待，千万不要强迫客户。一旦客户觉得你有强卖的嫌疑，很快就会走掉。

情景再现 1

楼盘销售人员：这套房子您已经看过三次了，该交钱了吧。

客户：你这孩子怎么说话呢？

楼盘销售人员：我都带着你们绕了几圈了，要是别人早买了。

客户：买房又不是小事，我们怎么也得商量商量。

楼盘销售人员：买不起就算了，还看？

情景分析／SCENARIO ANALYSIS

案例中，销售人员带着客户看了好几次，似乎有些不耐烦了，语气间出现了强迫的意味。买房是一件自愿的事情，客户想买就买，想买哪个就买哪个，这样说，即使客户本来想买，也会拒绝从你手里买房子。

情景再现 2

客户：这套房子看着似乎还不错。

楼盘销售人员：快点交钱吧，过了这个村，就没有这个店儿了。

客户：我回去再商量一下。

楼盘销售人员：一套房子有什么可商量的。你如果不交钱，我就卖给别人了。

客户：那你就卖吧。

楼盘销售人员：你怎么说话呢？

客户：我怎么说话呢？

情景分析 / SCENARIO ANALYSIS

　　这又是一个典型的强迫客户购买的案例，大量事实告诉我们，以威胁方式进行推销只会让自己陷入被动的境地，严重者还会触犯法律，因此一定不要这样这样做。

　　　　　　　　SCENARIO ANALYSIS
　　　　　　　　技／巧／展／示
　　　　　　　　　　　　∨

　　不管做任何事，人们都不喜欢被人强迫，更别说是买房子了。因此，一定要注意自己的言行，千万不要流露出强迫的意味。否则，客户只会落荒而逃。

1. 多顺着客户说

　　不管做任何事，人们都喜欢他人顺着自己，因此如果想赢得客户的好感，开始沟通的时候，要多顺着客户的意思。客户每说一句话，你都顶撞，只会让对方心生不满。

2. 不要强迫客户做不愿意做的事

　　有些客户比较有涵养，对于你的强迫性要求，对方可能只会表现出抵触情绪；可是，如果遇到了比较不讲理的客户，使用强迫的方式，你就要倒霉了，很可能还会遭到客户的投诉，所以在和客户沟通时，一定不要强迫他们做自己不愿意做的事。

不要让少量的尾盘沉淀企业利润

　　不管哪个楼盘，到最后的时候，都会涉及一个尾盘的销售。这些房子，不是楼层不好，就是朝向不好，要不就是格局不好，总之，是大家不喜欢的，是客户挑剩下的。这些房子也沉淀着企业的巨大资金，如果不及时将它们卖出去、无法转化为资金，不仅不利于资金的回笼，还不利于开发商后续的发展。因此，一定要想办法将这些房子尽快销售出去。

一、合理降价，说服老业主来购买

到了最后，多少都会出现一些尾盘。这时候，就可以采用适当的降价策略，吸引老业主来购买。如果小区确实不错，是很容易吸引老业主的注意的。

情景再现 1

2015年5月，周先生在XX小区买了一套两居室，现已经入住。由于地段比较好，小区的房子很快就售出一大半。一天，周先生经过小区售楼处时，情不自禁地又进去转转。

当初卖他房子的售楼小姐认出了他，主动打招呼。聊天中，周先生才知道，原来小区还有几套房子，为了回馈业主，如果买第二套房，可以享受7.5折的优惠。

周先生心中一阵欣喜，回家后急忙和妻子商量。看到房子这么便宜，第二天便买了一套。虽然这套房子楼层稍微高一些，可是价格确实没的说。

情景分析／SCENARIO ANALYSIS

老客户一般都有了买房的经验，如果房子确实好住，只要家里经济条

206

件允许，自然会捡你这个从天而降的大馅饼。而对于开发商来说，即使是打了折扣，还是有的赚，这样反而更能够尽快收回资金。

情景再现 2

> **楼盘销售人员：** 张姐，我们小区还有几套房子，为了回馈老客户，现在 7 折销售，您进来看下。
>
> **客户：** 不会是有问题的房子吧。
>
> **楼盘销售人员：** 我可以先带您看看，买不买都没关系。
>
> **客户：** 行。
>
> （看房中）
>
> **客户：** 这房子怎么一下子降了这么多。
>
> **楼盘销售人员：** 主要是为了回笼资金。小区的房子都卖的差不多了，只剩这三五套。
>
> **客户：** 好，那我就先订一套。

情景分析／SCENARIO ANALYSIS

如今，房子都在涨价，如果你巧妙地推出降价方法，定然可以吸引老业主的注意力。销售起来，也会快一些。

SCENARIO ANALYSIS
技／巧／展／示
∨

要想应对尾盘滞销情况，最基本的对策就是降价、降价、降价，以价格冲击市场。具体来说，可以采用这样的方法。

1. 直接减价

首先，可以利用仅余的好单位拉开差价，降低较差单位的价格，并于价目表中显示全部单位，使消费者在对比中感到实惠；其次，可以开展各种促销活动，尽快在项目成为现楼前甩货。

2. 统一说辞

直接降价可能引发老客户的不满和新客户的质疑，因此在降价前必须准备好统一的销售说辞。首先，要向客户说清楚降价的原因，不能让他们认为是房子卖不动了才降价。其次，要让老客户明白他买的房子没有贬值。比如，可以这样解释："您买的房子是户型最好的、楼层是最便宜的；再说，只有加快进度、提高入住率才能完善物业管理，也是为您好。"

3. 掌握降价的技巧

尾盘的出现，除了朝向、楼层、布局等问题，也可能是价格太高让一些消费者望而却步，从而造成的积压。但无论哪种情况，尾盘销售几乎都离不开"降价"这两个字，尤其对于一些急于变现的开发商来说，降价便成了唯一的方式。但降价也有许多技巧，一味地降低单位售价，很可能会适得其反。

4. 精细化营销

如果想处理尾盘，还可以逐一分析每个单位成为积压品的原因，在对市场深入研究的基础上，实施"精细化营销"，比如：降低首期款、送花园、送绿化、为客户提供更周到便利的服务等。

二、可以试试降低首期等隐性降价方法

对于有些人来说，确实有买房的需求，可是却因为资金有限，阻挡了买房的步伐。如果想在最短的时间里将尾盘消费掉，可以尝试减低首期。这样，是很容易吸引来客户的。

情景再现 1

业主甲：你们的房子挺大的。

业主乙：还行，主要是家里有老人和孩子，地方小了，活动不开。

业主甲：面积这么大，交全款?

业主乙：不是，首付了一笔，按揭。

业主甲：首付也挺多吧，30%，怎么着也得 50 万元。

业主乙：没有那么多。我们买的时候，房子没几套了。首期我们只交了 30 万元，当时正好赶上人家搞活动。

业主甲：确实不多。

业主乙：要不我也买不起这么大的房子。

情景分析 / SCENARIO ANALYSIS

虽然说，按揭房确实可以给人们缓解一定的压力，可是如果房价高、面积大，首付依然是个不小的数目。很多人即使相中了房子，也不见得会买。可是，如果能够降低一下首付，情况就不一样了。

情景再现 2

"妈，这是咱们的新房。"王先生带着老人走进了新家。老人看了看，说："150 平方米，得不少钱吧。"王先生说："咱们捡了个大便宜，首付20%就行。这个房子，以前咱们就相中了，可是首付太多，拿不出来，所以当时决定先不买了。没想到，一个月前，这房子的首付减少了。"老人高兴地看着，心里别提多美了。

情景分析 / SCENARIO ANALYSIS

降价，是每一位楼盘销售人员谈及的方案，也是业内所通行的办法。尾盘的销售过程中，价格应该合理实在。但是，降价也有许多技巧。如果只一味地降低单位售价，有可能会适得其反。因此，尾盘降价更应当采取巧妙的方式。使用"隐性降价"，可以提高诱惑力，在较短时间内击中客户的眼球，提高其购买欲。

SCENARIO ANALYSIS
技／巧／展／示

∨

其实，隐形降价的方法有很多，这里就给大家介绍几种。

1. 降低首期款

首期款是决定客户是否买房的一个重要因素，虽然首期款只占了销售额的一定比重，可是对于一些老百姓来说，依然支付不起首付款。这样，很可能就会将自己的买房计划搁置。如果能够降低首期款，就可以将这部分人群的积极性调动起来。

2. 送豪华装修

装修是买房后的重头戏，也是房屋的一项重要支出，如果能够送客户装修，客户自然会很高兴，可以促使他们尽快下单。

3. 送全屋电器

全屋家电也值不少钱，如果能够为客户提供这样的服务，客户对楼盘的购买欲也会增加很多。其实，这也是一种变相的送钱。

4. 送管理费

小区的物业管理费，是业主入住后的一项重要支出，有些高档小区的物业管理费还比较高。如果能够给业主免除几年的物业管理费，相信定然能够将人们的注意力吸引过来。

三、重新包装与推广，消除"心中的痛"

在营销商品时，为了促进销售，有些商家会对某种商品进行再次的包装和推广，以此来取得最好的营销效果。同样，将尾盘重新进行包装与推广，也是一个促销的好方法。

情景再现 1

楼盘销售人员：您好，这是我们特意为家有老人的客户推出的"老年房"。

客户：还有专门为老人设计的房子。

楼盘销售人员：是的。老年人一般都不喜欢住高层，所以我们特意推出 3 个低层的老年房。您如果给老人买，正合适。

客户：我确实想给我爸妈买一套。

楼盘销售人员：那我带您去看看吧。

情景分析／SCENARIO ANALYSIS

对于处于尾盘的房子，完全可以重新设计概念，进行重新包装和推广。案例中的方法值得借鉴。

情景再现 2

××小区的房子几乎快销售完了，只剩下几个高层的。管理层商量之后，决定将这几套房子加上宣传语：学子房。理由是，楼层高，安静，适合学习，面对的业主是：家有孩子上学的人士。果然，这一广告一经打出，便吸引了很多家长的关注。

情景分析／SCENARIO ANALYSIS

每个客户的需求点都是不同的，因此如果想将尾盘销售出去，完全可以根据客户的需要来设计不同的宣传。一旦满足了客户的需求，房子自然就可以卖出去了。

在尾盘推广时，如果一直沿用前期抽象的概念进行宣传，客户对物业的认识就会一直保留在初始阶段，很容易造成客户的流失。因此，要在不同的阶段，对尾盘进行重新包装上市。

（1）结合尾盘的现楼特性，突出家的主题。

（2）结合周边日益完善的配套，打出相应的配套牌和投资牌。

（3）结合市场需求的转变，寻求符合市场的卖点进行包装。

总之，只要找到一个新的诉求点，满足了客户的需求，客户的注意力就会被吸引过来。

四、用新盘带旧盘也是一个不错的方法

很多楼盘，都分为一期、二期、三期，当一期还没卖完时，二三期已经开始销售了。这时候，人们一般都会购买二三期，因为可选择的余地大。如何处理掉一期的尾盘呢？可以用新盘带动旧盘。

情景再现 1

客户： 我想买你们二期的房子。

楼盘销售人员： 现在，我们的一期在搞活动。只要买了二期，如果想买一期的，可以享受 8 折的优惠。

客户： 嗯，这个活动不错。

情景分析 / SCENARIO ANALYSIS

事实证明，用新盘带动旧盘来销售，确实是一个消化尾盘的一个好方法。

情景再现 2

这几天，周先生非常高兴，因为他不仅买到了理想的房子，还借着这个新房买到了折扣房。原来，只要购买此小区的三期新房，如果想买一期的，可以打 8 折。周先生细算了一下，这样可以节省下一大笔钱。因此，便两套房子一起买了。

情景分析 / SCENARIO ANALYSIS

事实证明，新盘带动旧盘确实是一种处理尾盘的有效方法。就如同销售牛奶一样，为了在最短的时间里将快到保质期的牛奶销售掉，有些商家就会采用这样的方法。

SCENARIO ANALYSIS
技／巧／展／示
∨

那么，如何实施新盘带动旧盘的策略呢？

1. 保证新盘的质量

如果想让新盘带动旧盘的销售，首先就要保证，新开盘的楼房质量是可靠的。如果新楼盘质量不行，人们也就不会买你的旧盘了。

2. 加大宣传力度

采用这种策略时，如果想扩大影响，就要扩大宣传力度，知道的人越多，旧盘的消化量也就越多。如果蒙着头不说话，人们都不知道，销量自然就无法上去了。

五、通过各种奖励措施，调动客户积极性

如果想调动客户的积极性，完全可以通过各种奖励措施，如送现金、送管理费、减免首期等方式进行，让"客户关系营销"成为楼盘的有力助手。

情景再现 1 为了调动客户购房的积极性，×× 新楼盘，推出了惠民"大红包"——买房即送 2 400 元奖励，实实在在。周女士看到这里，心中一动，便立刻买了一个小户型。

情景分析 / SCENARIO ANALYSIS

通常，人们都喜欢捡便宜，一看到"买就送"的活动，很多人都会趋之若鹜。因此，如果想在最短的时间里将尾盘消化掉，就可以采用一定的奖励措施。

情景再现 2 为了消化尾盘，有家开发商推出了"买就送"的活动，用户只要买小区内 120~150 平方米的房子，就可以免费使用一个停车位，时间长达 10 年。这样优惠，很快便吸引了人们的目光。

情景分析 / SCENARIO ANALYSIS

和第一个案例一样，道理很简单。

SCENARIO ANALYSIS
技／巧／展／示
∨

尾盘的消化，需要调动起客户的积极性，而给客户设定一定的奖励措施确实是有效激发客户参与的一个重要方法。那么，如何使用这种方法呢？

1. 买就送

如同上面的两则案例，客户只要买，你就送，定然能够将客户的注意力吸引过来。

2. 买就折

消费者买东西时，都喜欢有一定折扣的。如果能够给客户打个折扣，相信客户也会乐意购买。

六、推出特价房，可以吸引客户购买

如果想处理尾盘，也可以推出一些特价房，吸引客户的目光。"特价"可以在一定程度上吸引客户的注意力，客户会觉得自己"捡了一个大便宜"。

情景再现 1

客户： 你们的这个房子真是这个价吗？

楼盘销售人员： 是的，我们本月推出三套特价房，您赶上了好时候。

客户： 确实不错，对客户有什么条件吗？

楼盘销售人员： 没有。全款也行，按揭也行。

情景分析 / SCENARIO ANALYSIS

"特价"意味着便宜，同样的房子，别人买就100万元，而我买就只需 70 万元，客户就会获得一种心理的满足。因此，一旦看到"特价"两个字眼，人们的购买欲就会被激发出来。

情景再现 2

> **客户：**这个户型还真不错，虽然高一点，但价格确实合理。
>
> **楼盘销售人员：**这是为了回馈客户，我们推出的特价房。如果在一个月前，想买这个房子，至少得 70 万元，您看，现在只要 50 万元就可以了。
>
> **客户：**确实少了不少。我来一套。

情景分析 / SCENARIO ANALYSIS

如今，为了消化掉尾盘，一般开发商都会推出一些"特价房"，即使这些房子的楼层不好、朝向不好，很多人也愿意接招，为什么？特价啊。

SCENARIO ANALYSIS
技／巧／展／示
∨

在处理尾盘时，推出"特价房"是一项有效的方法，因此众多开发商都乐此不疲地使用着。可是，在使用这种策略时，有些地方也是需要注意的。

1. 降价力度要大

既然是特价，就要多一些减价的力度，太小了，也是无法引起人们关注的。

2. 房源不能太次

虽然说，人们都喜欢占便宜，如果花少量的钱却买到了不适合居住的房子，人们一样会不乐意。因此，推出的房源不能太离谱。

七、动脑筋、想办法、找客户、找关系

在短时期内，通过奖惩制度和紧逼政策，把任务压到每个销售员手中，让其动脑筋、想办法、找客户、找关系网等，也可以在最短的时间里将尾盘消化掉。

情景再现 1

为了在最短的时间里将尾盘消灭，周小姐发动了自己身边所有的关系，当然她并没有一个个找同学帮忙，而是充分利用了自己的微信朋友圈。通过亲朋好友的转发，售楼消息迅速被传播，一些有意向的人还打电话进行咨询。

情景分析／SCENARIO ANALYSIS

移动互联时代，如果想提高成交量，就要将微信等工具充分利用起来。这样，远比一个个地游说要强很多。

情景再现 2

一天，售楼员小王接到了一个同学的电话：要不是听同学说，你那里房子便宜，我还真不知道呢？你怎么不早说？

小王： 我也不能直接让你买房啊，那我成什么了。而且，楼盘这几天才降价的，有好事我才会跟大家说啊。

同学听了小王的解释，第二天便来到了售楼部。

如果想尽快将尾盘消化掉，就要动用一切力量，将降价的消息发布出去。这样，一传十、十传百，知道的人越多，销售的可能性也就越大。

SCENARIO ANALYSIS
技／巧／展／示
∨

不管在任何时候，被动地让客户来都不是良策，最好的方法就是，主动想办法，多动大脑，多找关系。优秀的楼盘销售人员一般都懂得这个道理。

1. 将移动互联等充分利用起来

如今，是个移动互联的时代，很多商家都在利用微信进行营销，因此在楼房销售的过程中，我们也可以将这些工具充分利用起来。在朋友圈发布一下楼盘销售的信息，通过朋友的转发，扩大宣传效果，这样就等于免费为自己做了一次宣传。

2. 想办法，采用有效的方式方法

营销，离不开创新，因此要积极开动大脑，多寻找一些有效的营销方法。这样，对于促进销售量的提升也是有很大帮助的。

3. 让亲朋好友来转介绍

虽然说，很多人都不愿意利用朋友的关系来做营销，很多人都讨厌别人让自己帮着介绍买产品，可是在实在无计可施的时候，完全可以张嘴试试看。说不准，身边的人正好有买房需求。这样，也就等于帮了对方的忙。

PART 12

售后服务也是不可忽视的一环

　　如今，已经不是产品致胜的时代，忽视了售后服务这一块，你的客户也会大大流失掉。因此，如果想抓住尽量多的客户，就要重视售后服务这一环节。当然，对于楼盘来说，所谓的售后服务主要包括这样几项：完备的自有物业、合理的物业费、严格的门禁管理系统、社区清理、小区绿化建设、停车位的规划等。忽视了任何一方面都会给客户带来不便，都会让客户对你的楼盘加以否定。

一、提供完备的自有物业公司服务

物业，对于购房者来说，是一个很重要的问题。有了配套的物业，居住在小区里就会方便很多。因此，如果想吸引客户购买你的房子，就要为客户提供完备的自有物业公司服务。

情景再现 1

> **客户：** 听说，有些小区的物业就不好，业主还得自己收电费。
>
> **楼盘销售人员：** 我们不是这样。
>
> **客户：** 不知道。
>
> **楼盘销售人员：** 我们有自己的物业公司，水电费都是统一收取，不会给业主增添麻烦。
>
> **客户：** 如果真是这样就省事多了。
>
> **楼盘销售人员：** 是的。

情景分析／SCENARIO ANALYSIS

在我们身边，有些小区的物业配备不好，业主遇到问题时，经常会找不到人，这样就会给业主带来更多生活的不方便。因此，人们在买房子时都愿意买有物业负责的小区。因此，如果你所售的楼盘在这方面做得不错，就要直接告诉客户。

> **客户：** 我有个同学已经买了你们一期的房子，说是物业不怎么样?
>
> **情景再现 2**
>
> **楼盘销售人员：** 是的。一期的时候，物业这块确实出了点儿问题。一期的楼盘少，所以物业这块不好弄。如今，三期的房子都已经在售，物业我们已经重新安排了。这个物业公司是我们自己的，对三期统一管理。
>
> **客户：** 真是这样的吗?
>
> **楼盘销售人员：** 稍后我可以带你们去物业公司看看。
>
> **客户：** 行。

情景分析 / SCENARIO ANALYSIS

物业管理系统是现代居住小区不可缺少的一部分。一个好的物业管理系统可以提升小区的管理水平，使小区的日常管理更加方便。因此，一定要重视起来。

SCENARIO ANALYSIS
技／巧／展／示
∨

物业管理行业是房地产行业的一个重要组成部分，随着房地产行业的快速发展，人们逐渐接受了物业管理这一管理模式。如今，良好的物业管理已经成为楼盘销售的重要因素，也是业主或租户选择物业公司的重要考虑因素。因此，如果想提高成交量，就要为客户提供完备的自有物业服务。

1. 完善物业服务体系

如今，很多小区也配有物业，可是物业管理不完善，业主遇到问题时，经常会找不到人。这样，就容易给业主留下不良的印象。因此，如果想吸引客户来购买你的房子，就要在物业的配套服务上加大力度。

2. 将物业安排在小区里

将物业安排在小区里，当业主遇到问题时，才可以在第一时间得到有效的解决。如果物业离小区十万八千里，有和没有一个样，业主享受不到应有的服务，也会怨声载道。

二、制定合理的物业费用，不虚高

不同的小区，物业费用是不同的，有的小区高一些，有的小区低一些。虽然说，物业费和楼房的钱比起来不足为怪，可是人们通常还是愿意接受少一些的物业费。因此，如果想吸引用户来购买你的房产，就要制定合理的物业费用。太高了，会将用户吓跑。

情景再现 1

××花园是 2015 年新建的小区，小区正处于交房阶段。3 月 13 日，苏先生拿到了新房钥匙，本来入住新家是一件高兴的事儿，但是之后出现的一系列问题却让他怎么也高兴不起来。

交房前，物业要求业主预交一年的物业费，服务合同上标明物业费竟然高达 1.8 元 / 平方米 / 月。苏先生询问物业："费用怎么这么高？"物业回答说："根据测算成本，最低得收 1.8 元。"

更让苏先生生气的是，不交物业费、装修押金，就拿不到房门钥匙。没有办法，苏先生只好交了一年的物业费和 2500 元的装修押金。好友本来也打算买同一个小区的，听说了苏先生的事情，便放弃了。

情景分析 ╱ SCENARIO ANALYSIS

不可否认，像这样的在物业费上欺骗业主的楼盘大有人在。住个楼房需要掏这么多物业费，相信业主都会不乐意。一旦这种不满情绪扩散开来，必然会影响后续楼盘的销售，所以一定要制定一个合理的物业收费标准。

情景再现 2

客户：小区的物业费怎么样啊？

楼盘销售人员：我们都是按照国家统一标准来收的。

客户：有的小区买房时是一个标准，可是拿钥匙时就不是这样了。

楼盘销售人员：有些小区确实存在这个问题，我们也听说了，可是我们绝对不会这样，是多少就是多少？

客户：真是这样吗？

楼盘销售人员：是的。你想，我们这是一期，还有二期、三期呢？如果一期物业费收这么高，后面的房子我们还卖不卖？

情景分析 ╱ SCENARIO ANALYSIS

一直以来，物业收费都是一个比价敏感的问题。对于业主来说，当然是越少越好了；可是，对于楼盘来说，却是越多越好。究竟什么标准是最合适的呢？关于物业的收费标准，国家都有统一规定，在制定物业收费项目时，一定要以此为依据。

SCENARIO ANALYSIS
技╱巧╱展╱示
∨

物业费的制定是个敏感的问题，如何才能制定出合理的物业费呢？

1. 参考国家的收费标准

关于物业的具体收费方法，国家都制定了相关的条文，在设计物业费时，一定要以此为依据，不能有法不依。否则，一旦业主提出问题，会让你的楼盘涉及法律风险。

2. 参考小区的具体服务项目

每个小区为业主提供的服务都是不同的，因此在设计物业费时，要将这些都考虑进去。当然，不能为了抬高物业费而虚报项目。

三、严格门禁系统，给客户带来安全感

如今，住在同一个小区的人天南海北的都有，很多人都会觉得缺少安全感。这时候，如果你的楼盘能够提供严格的门禁系统，相信客户自然就会对你的房子多一些信任。因此，在售楼时，一定不要忽视了这一问题。

情景再现 1

客户： 新楼盘住的人比较杂，经常会出现偷盗现象，昨天我们隔壁的小区还有人丢了电动车呢？

楼盘销售人员： 放心，在我们小区，肯定不会有这种现象。

客户： 为什么？

楼盘销售人员： 因为我们都有自己的门禁系统，进入小区需要刷卡，外人是进不去的。

客户： 可是，即使有也不见得管理好。

楼盘销售人员： 我们会配备专门的工作人员。你想啊，花这么多钱买的房子，不能让住户丢东西啊。

如今，在很多小区大门处，都明确张贴着"进出请刷卡"的提示，人行通道闸门闭合，业主只要刷卡，才能进出。使用合理的门禁系统，业主刷卡才能进入，确实是一个有效地防止外人进入的好方法。

情景再现 2

客户：现在，很多新建的小区都有门禁系统，可是真正管用的不多。

楼盘销售人员：既然设立了这项服务，我们肯定会做好的。

客户：居家过日子图的是安全，如果整天丢东西，住着也不踏实。

楼盘销售人员：是的。所以，我们格外重视这一块。

情景分析／SCENARIO ANALYSIS

小区设置门禁系统，是为了防止陌生人随意进出小区，是保障小区居民财产安全的一道有效屏障，这已经成为各大新建小区的标配之一。因此，当客户提出这方面要求时，一定要认真解答。

SCENARIO ANALYSIS

技／巧／展／示

∨

买房，人们一方面看中的是实用，一方面就是安全。如果住在一个小区里，今天这家丢了电动车，明天那家又丢了电脑，相信没有人会住在这里。因此，如果想吸引客户来购买你的房子，就要设立严格的门禁系统，将闲杂人等排除在外。

1. 小区门口设立门禁系统

如果想增加防范，首先就要在小区出入口加强门禁系统的设立，就像乘坐地铁必须刷卡一样，客户如果想进入小区，也要刷卡，这样只有有卡的业主才能进入，无卡人员就无法进入了。如果确实有亲戚来，可以让业主出来领人。这种方法虽然看起来麻烦一点，但效果肯定不错。

2. 单元楼设立门禁系统

这也是如今很多小区都采用的一种方法。平时楼道中的门是关着的，如果想进入，就要拿钥匙开门。如果有人来做客，只要通过电话，就可以直接和房主取得联系。

3. 认真执行

当然，不管设立了什么样的门禁系统，关键是要认真执行。如果今天按规定执行，明天又改规定了，规章制度形同虚设，也是起不到好的保险作用的。

四、做好社区清理，给客户一个整洁的好环境

任何一个人都希望自己的小区能够保持干净整洁，因此如果小区的卫生清理工作做得好，也是可以吸引人们来购买的。

情景再现 1

> **妻子：**我早说过，不要买这个房子，你不听，你看看整天都脏兮兮的。
>
> **丈夫：**不就是卫生做得不好吗？可是便宜啊。
>
> **妻子：**咱们这是一楼。冬天还好点儿，到了夏天怎么办？苍蝇就会满屋子飞了。
>
> **丈夫：**要不咱们按个空调，将窗户都关上。

案例中，小区的卫生状况不好，业主抱怨连连。如今，大多数人都爱干净，如果在小区里到处都是垃圾，谁会住？因此，一定更要重视社区的卫生。

情景再现 2

> **客户：** 小区有人打扫吗？
> **楼盘销售人员：** 有。楼道每天都会有人打扫？
> **客户：** 不会是虚设的吧。
> **楼盘销售人员：** 我们有自己的物业，物业会安排人员打扫的，这个您放心。
> **客户：** 好。
> **楼盘销售人员：** 那您看，何时交钱呢？
> **客户：** 现在，先交个定金吧。

情景分析／*SCENARIO ANALYSIS*

住宅小区环境卫生工作是住宅物业管理工作的重要组成部分，是一项经常性的管理服务工作。如果小区垃圾不及时清理，或者都是宠物粪便，相信人们一定不喜欢居住。因此，如果你们楼盘在这方面做得不错，就要直接告诉客户，促使他们早日做决定。

SCENARIO ANALYSIS
技／巧／展／示
∨

小区的社区清理是楼盘销售的一个重要环节，忽视了这一方面，必然会给小区的营销带来不利影响，因此一定要做好社区的清理工作。

1. 配备工作人员

小区业主众多，每天都会制造大量的生活垃圾，这时候就要配备专人进行清理。如果清理不及时，垃圾成堆，再好的小区也会无人问津。

2. 提出公告栏

当然，仅有了打扫也是不行的。要在宣传栏里提出公告启事，让业主自觉维护小区的卫生环境，从自我做起，搞好环境卫生。

五、做好绿化建设，更能吸引人

如今，绿化是很多人买房的一个重点。小区绿化做得好，可以给人带来好的享受，因此如果小区的绿化做得不错，完全可以直接告诉客户。

情景再现 1

半年前，一家房地产公司通过媒体发出售房广告，并以绿化面积达到 50% 作为卖点大力宣传。虽然公司的销售单价比别处多出 300 元 /m²，但李女士考虑到绿化面积大、居住环境舒适，最终还是在该小区购买了一套住房。

可是，一个星期前，李女士去拿钥匙时，却发现绿化率不到 18%。原来，公司未经任何部门批准便改变设计，将一些原来规划用于绿化的位置改建成停车位。李女士很不高兴，便以公司违约为由，要求解除合同。

情景分析／SCENARIO ANALYSIS

现在，购买商品房时不仅要看楼盘的价格、位置等因素，还要考虑到所在小区绿化面积的大小。现在，建筑越来越多，工厂越来越多，绿色的植被反而越来越少，不仅使得城市成为热岛效应的中心，更对我们的身体健康造成了恶劣影响。所以，在选购商品房时，客户一般都会选择小区绿化面积比较大的楼盘。因此，一定要在这方面下功夫。

情景再现 2	**客户：**我刚看了，感觉小区绿化不好。 **楼盘销售人员：**<u>这个都在建设中。</u> **客户：**建设中？小区一共就 9 栋楼，面积就这么大？我只看到停车位，没看到几棵树，更别说草坪了。 **楼盘销售人员：**<u>等你们入住的时候，情况就会好了。</u> **客户：**那我们到时候再来看吧。

情景分析／SCENARIO ANALYSIS

在小区中有点缀的绿化植物，就能调节人的居住舒适度。小区绿化对居住在其中的小区居民来说是非常重要的，特别是业主的身体健康与小区的绿化也有息息相关。所以，很多人在选购房子时通常都注意这个问题。

SCENARIO ANALYSIS
技／巧／展／示
∨

小区，是人们长期居住的地方，如果自己居住的地方一棵树都没有，一点草坪都没有，会是什么感觉？因此，在设计楼盘时，一定要做好小区的绿化建设。

1. 安排工作人员

栽种好树木、铺好草坪之后，要安排专门的工作人员进行维护，适时浇水，适时修剪，绝对不能放在那里只为了好看。这样，也就失去了栽树种草的意义。

2. 提高业主自觉性

绿化植被的维护也需要业主的配合，因此要作出相关的提示，让业主都来维护自己的绿色环境。

3. 不要为了停车位而占用草坪

如今，很多小区为了扩建停车位而占用了草坪，引起了业主的不满。因此，要想杜绝这类事件的发生，就要合理规划停车位，保护好绿色植被。

六、合理规划停车秩序，为客户解忧

随着人们生活水平的提高，私家车越来越多，由于小区里车位规划建设不足，经常会出现抢车位、乱停车、堵占消防通道、侵占绿化设施停车等现象。这种乱象在很多小区都不同程度的存在，一些小区甚至已经到了日益加剧的状况。因此，为了免除日后的麻烦，很多人在买房时，都比较看重停车位的规划。

情景再现 1

李先生在2015年买了一套房，交钱，拿钥匙，装修……一切都进行得很顺利。可是，住进去才发现，问题有很多，首先就是停车位的问题。

由于这个小区是高档小区，买房人都有点实力，因此几乎家家都有车。可是，小区停车位有限，人们只好将车停在路边。而且，每天早晚上下班的时候，小区门口总是堵车。

情景分析／SCENARIO ANALYSIS

如今，私家车逐渐增多，若整天都为停车发愁，想想是不是很闹心？因此，如果想吸引客户来购买房子，就要合理规划好停车位。

情景再现 2

客户：我们有自己的车，这车以后停在哪儿?

楼盘销售人员：我们已经替您想到了这个问题。小区建有自己的地下停车库，可以容纳小区业主的车。

客户：收费很贵吧?

楼盘销售人员：这是我们给业主的一项福利，每年有点儿租金，租金也不贵。

客户：能不能去看看。

楼盘销售人员：好的，我带你们去。

情景分析／SCENARIO ANALYSIS

近年来，人们的可支配收入不断提高，个人拥有汽车量不断增加，"停车难"也就成了一个社会热点，并由此引发了业主和开发商之间、业主和物业公司之间、业主之间的多重矛盾。如果想吸引客户来买你家的房子，就一定要重视这个问题。

SCENARIO ANALYSIS
技／巧／展／示

v

汽车是人们的一项生活必备品，可是由于个体庞大、无法搬进家，人们只好将车停在楼道外面。可是，车辆众多，停放无序，也会给人们的生活带来很多麻烦，因此一定要合理规划停车秩序。

1. 设置专门的停车位

在每栋楼房的前面，可以空出一块地方，供人们来停车。有了这些位置，专门用于停车，就会为客户省去很多麻烦，这样即使让他们支付一定的租金，客户也是愿意的。

2. 设个地下停车库

如果小区的面积有限，可以在地下设计一个停车库，这样就将地上地下的空间充分利用起来。

3. 设置合理的租金

停车的时候，可以收取一定的租金，但不能太高。一旦超过了业主的承受能力，也会引起民愤。一旦产生了不好的效果，小区的口碑就下去了。这样，是不利于楼盘的后续销售的。